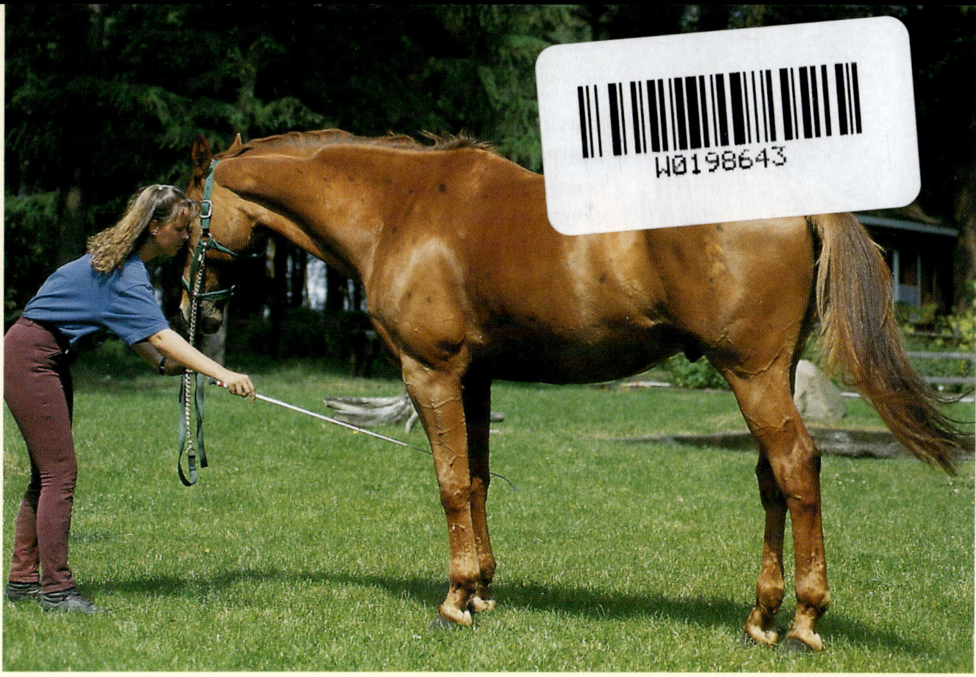

Ein nervöses Pferd wird zum Kopfsenken aufgefordert und entspannt sich dabei sowohl physisch als auch psychisch.

ster, sogenannte "Bewußtsein-durch-Bewegung-Bodenübungen", die das Verhalten von Pferden positiv beeinflußten. Durch die Übungen konnte ich die Verweigerungshaltung eines Pferdes überwinden und es zur Kooperation und Mitarbeit veranlassen. Auch die Balance und die Koordination des Pferdes verbesserten sich.

Die Feldenkrais-Körperarbeit, bekannt als "Funktionale Integration", war sehr effektiv zur Beseitigung von körperlichen Problemen bei Pferden. Sie war aber Laien schwer zu vermitteln und nicht von den Besitzern umzusetzen.

Ich erinnere mich an die Diskussion mit meiner Schwester Robyn Hood Ende der 70er Jahre, als wir nach einem Namen für meine Methode suchten. Wir einigten uns auf T.E.A.M., die Abkürzung für Tellington-Equine-Awareness-Method ("Tellington-Pferde-Bewußtheit-Methode"). Damals konnten wir uns nicht vorstellen, daß sich die Arbeit auch auf andere Mitglieder des Tierreiches übertragen lassen würde. Mitte der 80er Jahre kamen die kreisenden TTouches hinzu. So entstand T.T.E.A.M. als Synonym für Tellington-Touch-Every-Animal-Method ("Tellington-Touch-alle-Tiere-Methode").

Der erste Hund, dem ich auf meine Weise helfen konnte, war ein extrem nervöser, hyperaktiver und aus Angst beißender und bellender Australischer Schäferhund. Das war Ende der 70er Jahre, als ich meine Methode für Pferde weiter ausbaute.

Es war mir klargeworden, daß verspannte und nervöse Pferde

Die Python TTouches fördern die Durchblutung und Entspannung.

eine hohe Kopfhaltung haben und man ihre Persönlichkeit und ihr Verhalten langfristig verändern konnte, wenn man sie vom Boden aus dazu brachte, den Kopf tiefer zu tragen. Konnte dieses Prinzip nicht auch für Hunde gelten? Dieser spezielle Australische Schäferhund war ungewöhnlich "hochtragend", ging mit steifen, kurzen Schritten und bellte unkontrollierbar. Als ich an seinem Rumpf, seinen Ohren und am Hals arbeitete, um ihn zum Kopfsenken zu veranlassen, beruhigte sich seine Atmung, sein Schritt wurde lockerer und er wurde entspannter.
In den nächsten Jahren hatte ich die Möglichkeit, an vielen verschiedenen Hunden mit psychischen Auffälligkeiten und Verhaltensproblemen zu arbeiten.

TTOUCH – DIE »ANDERE« BERÜHRUNG

Der entscheidende Durchbruch gelang 1983, als der Tellington-Touch "geboren" wurde. Die Frau eines Tierarztes, der einen Kurs für mich organisierte, bat mich, ihre Stute anzusehen, die weder geputzt noch gesattelt werden wollte, ihre Ohren anlegte und mit Schweif und Beinen schlug, sobald sie berührt oder gestreichelt wurde.
Als ich die sanften Feldenkrais-Bewegungen an ihrem Körper machte, wurde die Stute ruhig und nachgiebig. Ihre Besitzerin war erstaunt, daß sie plötzlich wie verwandelt war, und fragte mich, wie ich das geschafft hätte. Was war mein Geheimnis?
Ich wußte, wie schwierig und komplex die Erklärung für das war, was ich tat, also sagte ich einfach: „Kümmere dich nicht darum, was ich tue. Lege einfach deine Hand auf dein Pferd und bewege die Haut sanft im Kreis."
Die Pferdebesitzerin folgte sofort meiner Anweisung und nach einigen Minuten sanfter Kreise entspannte sich die Stute, schloß halb ihre Augen und genoß den Kontakt. Ich war erstaunt über das Ergebnis und fing an, mit verschiedenen Kreisbewegungen zu experimentieren. Von diesem Tag an machte ich Kreise mit unterschiedlichen Handhaltungen und Druckstärken.
Im Laufe der nächsten Jahre dokumentierte meine Schwester Robyn, was ich tat. Sie klassifizierte und faßte zusam-

men, in welcher Weise ich meine Hände hielt. So entstanden die verschiedenen Tellington-Touches.
1987 entschlossen wir uns, unser Konzept für alle zu vereinfachen, die unsere Methode noch nicht kannten. Von nun an war das doppelte "TT" das Markenzeichen für Tellington-Touch. Gleichzeitig entschieden wir, den TTouches Namen zu geben, die leicht zu behalten waren und die eine Verbindung zu den Tieren darstellten, mit denen ich gearbeitet hatte.
Der Python TTouch zum Beispiel wurde nach der Pythonschlange Joyce benannt, einer vier Meter langen Burmesischen Python, die ich in einem Tierpark in Temecula, Kalifornien, kennenlernte. Sie hatte eine immer wiederkehrende Lungenentzündung, die mit tierärztlicher Hilfe nicht zu heilen war. Ich versuchte, durch vorsichtiges Heben und langsames Senken des Körpers die Lungen zu aktivieren, und tatsächlich wurde Joyce wieder gesund. Ich denke oft an sie, wenn ich die Python TTouches mache.
Der Wolken Leopard TTouch stammt von einer jungen Leopardin, die ich im Zoo von Los Angeles traf. Sie war zu jung entwöhnt worden und hatte einen neurotischen Tret- und Saugreflex, der durch die Bewußtheitsförderung mit kleinen Kreisen an Maul und Pfoten verringert werde konnte.

Mit Ohren TTouches beruhigt Linda Tellington-Jones den jungen T-Rex.

DIE ERFOLGE MEHREN SICH

Im Laufe der Jahre arbeitete ich mit immer mehr Hunden und anderen Tieren, und die Methode verbreitete sich. Viele Tierfreunde begannen, sie an ihren Heimtieren auszuprobieren, denn es wurde klar, daß die eigentlich einmal für Pferde entwickelte Methode auch bei Hunden und anderen Tieren funktioniert. Auch Tierärzte, Tierarzthelfer und Hundetrainer berichteten mir von ihren Erfolgen.
So wie Martina Simmerer, die die tierärztliche Einleitung zu diesem Buch schrieb, kamen viele Menschen durch ein Problem zur TTeam-Arbeit. Je populärer die Methode wurde, um so mehr Menschen merkten, daß der TTouch auch etwas ist, das sie selber tun können und das sehr angenehm für ihre Tiere ist.
Es ist ein Weg, Ihre Freundschaft und Verbindung zu Ihrem

Die größte Wirkung erzielen Sie, wenn Sie die kreisenden TTouches in Linien über den Körper ziehen. Nachdem Sie eine Kreisbewegung beendet haben, streichen Sie ein Stück weiter auf dem Fell und beginnen den nächsten TTouch.

Tier zu vertiefen. TTouch ist eine die Spezies verbindende Sprache.

Es steht schon lange fest, daß Massage die Muskeln entspannen kann. Der TTouch geht aber noch einen Schritt weiter. Mit dem TTouch erreichen Sie nicht nur die Entspannung des Körpers, sondern Sie wecken das Bewußtsein und die Bereitschaft des Hundes, sich zu konzentrieren. Es wird ihm in neuer Weise möglich, zu lernen und zu kooperieren. Bleibende Veränderungen der Persönlichkeit entstehen normalerweise schon nach wenigen kurzen Behandlungen.

Mit nur zwei bis zehn Minuten TTouch pro Tag werden Sie unerwartete Veränderung erreichen. Viele Menschen stellen fest, daß ihre Hunde ihre tägliche "TTouch-Ration" bei ihnen einfordern.

PROBIEREN SIE ES AUS

Das Wunderbare an den TTouches ist die Tatsache, daß Sie die Kreise nicht perfekt beherrschen müssen. Sie müssen auch nicht, wie bei der Massage, die Anatomie des Körpers kennen. Sie brauchen die verschiedenen TTouches auch nicht alle auf einmal auszuprobieren, sondern können Ihr Repertoire nach und nach erweitern. Suchen Sie sich die TTouches heraus, die Sie und Ihr Hund genießen. Sie können zum Beispiel mit dem Liegenden Leopard TTouch oder dem Wolken Leopard TTouch anfangen.

Wenn Sie mit den TTouches beginnen, achten Sie darauf, Ihre Finger locker zu halten und die Haut mit geringem Druck zu bewegen. Der TTouch besteht aus einer ganzen plus einer viertel Kreisbewegung. Wenn Sie eine solche Kreisbewegung beendet haben, gleiten Sie auf dem Fell ein Stück weiter und beginnen dort den nächsten TTouch. Auf diese Weise ziehen Sie die TTouches linienförmig über den Körper. Machen Sie die Kreise stets sehr sanft. Unsere Erfahrung zeigt, daß ein sanfter, leichter Kontakt mehr bewirkt als ein stärkerer Druck.

Im Laufe der Jahre haben uns viele Menschen berichtet, daß sie erfolgreich waren, obwohl sie nicht sehr viel über die Details der TTouches wußten oder sie sogar das allererste Mal probierten. Woher es kommt, daß die kreisenden Berührun-

gen so viel bewirken, wissen wir nicht genau. Vielleicht liegt die Erklärung in der besonderen Aufmerksamkeit, die man dem Tier und jeder einzelnen Kreisbewegung widmet.
In dem Biofeedbach-Institut von Boulder, Colorado, stellte man fest, daß durch die 1 1/4 TTouches alle vier verschiedenen Gehirnströme - Alpha, Beta, Theta und Delta - bei Pferd und Mensch angeregt wurden, während dies beim einfachen Streicheln, Massieren oder mehreren Kreisen auf einer Stelle nicht der Fall war. Wir verwendeten ein Gerät, daß von Maxwell Cade entwickelt wurde. Durch seine jahrelange Forschungsarbeit hat er herausgefunden, daß dieses spezielle Muster der vier Gehirnstrommessungen die ideale Funktion des menschlichen Gehirns darstellt, was er "the awakened mind state" nannte. Aufgrund dieses Ergebnisses und durch seine Erfahrungen vermuten wir, daß durch die TTouches das Lernvermögen gesteigert wird.
Lassen Sie sich nicht durch die Vielzahl der verschiedenen TTouches irritieren. Die meisten sind einfache Variationen des Basis-TTouches. Machen Sie die TTouches so, wie Sie und Ihr Hund es angenehm finden. Es kann auch sein, daß Sie zum Beispiel mit dem Liegenden Leopard TTouch und den Ohren TTouches genug Veränderungen bewirken, so daß sie keine anderen TTouches mehr anwenden möchten.
Viele Menschen berichten mir, daß meine Methode ihre Beziehung zu ihrem Tier verändert hat und sie ihren Hund mit ganz neuen Augen sehen. Plötzlich ist da eine Aufmerksamkeit und ein Zusammengehörigkeitsgefühl, das nicht nur den Hund betrifft, sondern auch die Mitglieder der ganzen Familie und sie selbst. Unsere Hunde sind immer für uns da, wenn wir sie mit Aufmerksamkeit und Verständnis behandeln. Richten wir uns also nach der goldenen Regel: Behandeln wir unsere Hunde so, wie auch wir behandelt werden möchten. Dies öffnet unsere Herzen und führt uns zu einer glücklicheren, gesünderen Beziehung zu unserem Hund und auch zu unserer eigenen Spezies, den Menschen.
Ich wünsche Ihnen viel Spaß und Erfolg mit "TTeaming up" mit Ihrem Hund.

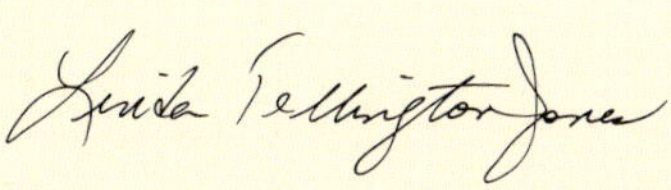

Durch kreisende TTouches bauen Sie eine neue Verbindung zu Ihrem Hund auf und steigern sein Lernvermögen.

AUS DER SICHT EINER TIERÄRZTIN

Der Ohren TTouch kann bei Schock lebensrettend sein.

Die Tierärztin Martina Simmerer arbeitet in einer Tierklinik in der Nähe von Salzburg. Seit über zehn Jahren beschäftigt sie sich intensiv mit dem TTouch und der Tellington-Methode und begann 1990 bei Linda Tellington-Jones die Ausbildung zum Practitioner. Seit kurzem leitet sie ein Seminar an der Veterinärmedizinischen Universität Wien zum Thema »Körperarbeit und Verhaltenstherapie beim Pferd«, das die TTEAM-Methode zum Inhalt hat.

Als ich mit der Tellington-Methode in Kontakt kam, hatte ich gerade mein veterinärmedizinisches Studium begonnen. Der Grund für den Besuch meines ersten Kurses war, wie bei so vielen anderen Menschen, ein Problempferd, bei dem ich mit herkömmlichen Methoden nicht weiterkam. Ich stellte fest, wie schnell ich mit der TTeam-Methode helfen konnte, war hellauf begeistert und wußte von der ersten Minuten an, daß dies für mich die richtige Art und Weise war, mit Tieren zu arbeiten. Ich hatte den Weg gefunden, nach dem ich schon so lange gesucht hatte.
Allerdings bin ich als naturwissenschaftlich erzogener Mensch gleichzeitig auch skeptisch und stelle alles erst einmal auf die Probe, ob es auch wirklich so viel taugt, wie es auf den ersten Blick verspricht. Während des Studiums wurde ich darauf geeicht, stets zu hinterfragen und genau zu beobachten. Aus dem Bedürfnis heraus, Fortschritte zu dokumentieren, entstand meine erste private Arbeitsgruppe und ein detailliertes TTeam-Tagebuch. Mit zunehmender Erfahrung gründete ich einen studentischen TTeam-Arbeitskreis an der Veterinärmedizinischen Universität in Wien. An unserer Uni unterrichteten schon immer einige aufgeschlossene Professoren - es wird z.B. seit vielen Jahren Akupunktur als Wahlfach gelehrt - und Linda Tellington-Jones war 1989 und 1990 als Gastdozentin am Institut für Orthopädie eingeladen. Dieses Institut vergab 1998 den ersten Lehrauftrag, und ich konnte 24 Studentinnen und Studenten im Wahlfach »Körperarbeit zur Rehabilitationsförderung und Verhaltenstherapie« unterrichten und ihnen dafür ein Universitätszeugnis ausstellen.

TTOUCH IN DER PRAXIS

Ich möchte einige Beispiele aufführen, die meiner Erfahrung nach in der tierärztlichen Praxis sehr nützlich sind. Man sollte dabei in jedem Fall beachten, daß die eigene Sicherheit im Vordergrund steht. Ein Hund mit Schmerzen kann jederzeit reflexartig zuschnappen oder beißen, auch wenn er sonst noch so brav ist. Daher sollte man in gefährlichen Situationen nicht auf einen Beißkorb oder eine Person, die den Hund fachgerecht hält, verzichten. Oft vergißt man durch die Konzentration auf das TTouchen die eigene Körpersprache. Man sollte Gesten vermeiden, die dem Hund bedrohlich erscheinen, wie sich über den Hund zu beugen oder ihm direkt in die Augen zu starren.

▸ Mit schnellen, springenden Wolken Leopard TTouches schafft man es oft, einen Zugang zum Tier zu bekommen, es gewinnt Vertrauen und läßt sich leichter untersuchen.

▸ Wenn es spezielle Stellen gibt, die das Tier nicht behandeln oder untersuchen läßt, sind Waschbär TTouches oder Wolken Leopard TTouches in verbundenen Linien am ganzen Körper sehr hilfreich.

▸ TTouches helfen nicht nur bei der Überwindung von Angst und Anspannung, sie sind auch hervorragende unterstützende Hilfsmittel bei der Schmerzbehandlung. Bei Verletzungen wird die Wundheilung gefördert - die Wunden heilen sehr viel schneller, vergleichbar mit den Erfolgen einer Laserbehandlung. Nur sind Hände immer »bei der Hand« und wesentlich kostengünstiger als technisch aufwendige Geräte.

Wunden müssen natürlich gereinigt, desinfiziert, eventuell auch genäht oder verbunden werden, aber man kann unmittelbar danach, auch über einem Verband, mit Waschbär TTouch oder Liegenden Leopard TTouches mit dem leichtesten Druck beginnen.

▸ Auch Arthrosen, Spondylosen oder Hüfterkrankungen sprechen gut auf eine unterstützende TTouch-Behandlung an. Für den Tierarzt und besonders für den Besitzer ist die Diagnose einer unheilbaren Gelenkerkrankung sehr frustrierend. Mit dem TTouch hat der Tierbesitzer die Möglichkeit, seinem Tier die Schmerzen zu erleichtern und dadurch den Medikamentenverbrauch möglichst gering zu halten.

Das Abstreichen des Körpers mit der Gerte ist ein guter Weg...

... um einen Kontakt zu einem ängstlichen oder aggressiven Hund aufzubauen.

Der Zick Zack TTouch gehört zu den streichenden TTouches.

- Das sachgerechte Ausführen der von Linda entwickelten TTouches an der Rute des Hundes hilft bei Wirbelsäulenbeschwerden und Bandscheibenproblemen.
- Bei großen, schnellwüchsigen Hunderassen, die zu Wachstumsstörungen oder Problemen mit der Koordination neigen, helfen solche TTouches, die die Verbindung im Körper verbessern wie Zick Zack TTouch, Tarantel TTouch oder verbundene kreisende TTouches.
- Sehr viele Hunde leiden an immer wiederkehrenden Erkrankungen der Zähne und des Zahnfleisches wie Plaque, Zahnstein, Zahnfleischentzündung, auch Karies kommt vor. Eine gute Prophylaxe ist neben spezieller Diätnahrung das Zähneputzen, das mit Hilfe der Maul TTouches sehr schnell akzeptiert wird. Außerdem trägt das oft spontan gezeigte Wangenreiben zur Selbstreinigung des Gebisses bei. Katzen lieben das Massieren am Maul ganz besonders, es erinnert sie an das wohlige Wangenreiben an Gegenständen und das damit verbundene Ausschütten der "Ich fühle mich wohl"-Pheromone.
- Das Herz eines Hundes oder einer Katze gewinnt man leicht durch das zarte Massieren der Ohren, eine der wichtigsten Entdeckungen von Linda Tellington-Jones. Es sollte fester Bestandteil des tierärztlichen Repertoires sein, denn es kann Leben retten. Bei Schreck- und Schockzuständen nach einem Unfall, bei Kreislaufkollaps, Hitzschlag oder nach der Narkose, aber auch in einfacheren Situationen wie bei Reisekrankheit, ist es sehr nützlich.

Robyn Hood, die Schwester von Linda Tellington-Jones, zeigt den Liegenden Leopard TTouch an ihrer Hündin Shawnee.

SO HILFT FÜHRTRAINING IN DER PRAXIS

An den Tierarzt werden immer wieder Fragen gestellt, die das Verhalten der Tiere betreffen. Die Bodenarbeit über »nicht gewohnheitsmäßige« Hindernisse (Feldenkrais-Prinzip) fördert die Balance des Tieres sowohl in körperlicher als auch psychischer Hinsicht. Konzentration und Koordination werden geschult und anerzogene Verhaltensmuster von Tier und Mensch durchbrochen. Das Ziel der Bodenarbeit ist es, den Hundekörper über seinen vier Beinen auszubalancieren und dem Hund dabei ein angenehmes, streßfreies Körpergefühl zu vermitteln, aus dem heraus er bewußt agieren kann und nicht instinktiv reagieren muß.
Die von manchen Kollegen bei bestimmten Problemen vorgeschlagene Kastration hilft zwar bei sexualmotivierten Aggressions- und Unhabhängigkeitstendenzen der Rüden sehr gut, deckt aber nur einen Teil der Verhaltensabweichungen und Probleme ab. Oft sind keine Hundeschulen in erreichbarer Nähe, die ihre Erziehungsmethoden auf positiver Verstärkung erwünschter Verhaltensweisen begründen und auf Gewaltakte wie Stachelhalsband oder Teletakt verzichten. Ein Tellington-Kurs kann helfen, das unerwünschte Verhalten zu verändern und lehrt den Tierbesitzer, seinen Hund besser zu verstehen und dadurch artgerechter zu erziehen.

- Eine hervorragende Hilfe bei vielen Problemen ist die korrekte Anwendung des Haltis. Von uns wird es natürlich immer in Kombination mit dem Halsband oder Hundegeschirr (vorderer Ring) benutzt, um Schäden an der Halswirbelsäule auszuschließen. Die negativen Auswirkungen des herkömmlichen festen Leinenrucks auf die Halswirbelsäule und den Kehlkopf des Hundes sind ja inzwischen hinlänglich bekannt.
- Die Körperbandage gibt ängstlichen oder hyperaktiven Hunden einen feinen Rahmen und hilft ihnen, sich in ihrem Körper sicherer zu fühlen. Ähnliche Techniken werden in der Kinderpsychologie verwendet, um z.B. Panikattacken zu behandeln.

Das Körperband hilft ängstlichen oder hyperaktiven Hunden, sich in ihrem Körper sicherer zu fühlen.

ERFAHRUNGEN EINER HUNDETRAINERIN

Stevie Avastu ist Beraterin für Verhaltensfragen und Hundetrainerin in Großbritannien und seit vielen Jahren bekannt für ihre großen Erfolge bei der Korrektur von aggressiven und anderen verhaltensauffälligen Hunden. Hunde verschiedenster Rassen werden durch manches Schutzhunde-Training verdorben und in der Öffentlichkeit mit Sorge betrachtet. Stevie Avastu ist nicht selten die letzte Anlaufstelle für falsch erzogene Hunde und deren Besitzer und Trainer.

Maul TTouches wirken auf das limbische System, das im Gehirn die Emotionen kontrolliert.

Es war Anfang der neunziger Jahre, als ich im Rahmen eines Wochenend-Workshops das erste Mal vom Tellington-Touch erfuhr. Ich fand die Idee interessant, aber auch etwas »verrückt«, und deshalb probierte ich den TTouch nicht selbst aus. Im Sommer 1996 hörte ich, daß Linda Tellington-Jones bei mir in der Nähe einen Kurs hielt - und ich ging hin.
Als der Tag um war, war ich fasziniert von dem, was ich gehört und gesehen hatte. Lindas Sachverstand und die praktische Demonstration weckten mein Interesse und brachten mich dazu, den TTouch endlich selbst auszuprobieren. Seitdem nutze ich jede Möglichkeit, mein Wissen und meine praktischen Fähigkeiten rund um die TTeam-Arbeit zu erweitern.
Zu mir kommen sehr viele Hunde mit den unterschiedlichsten Problemen. Einige sind wie quirlige Derwische, einige scheu, wieder andere aggressiv. Was die meisten gemeinsam haben, ist Streß. Streß wirkt tödlich auf das Lernen neuer Lektionen und Verhaltensweisen. Deshalb ist der beruhigende Effekt des TTouches von so großem Nutzen. Immer wieder stelle ich fest, daß nach nur 20 Minuten TTouch Körperteile, die vorher verspannt waren, plötzlich weich werden. Der Hund wird außerdem aufmerksam und aus Angespanntheit entsteht Ruhe und Aufnahmefähigkeit.
Schnell senkt sich die Streßanfälligkeit, und Selbstbewußtsein entsteht. Der Hund ist in der Lage zu lernen, und die Umstellung auf erwünschtes Verhalten wird möglich. Nachdem die Besitzer die Körperarbeit mehrmals selbst ausgeführt haben, verbessert sich das Verhältnis zwischen beiden. Dies ist ein sehr wichtiger Schritt zum Erfolg, denn ich bin nur die Initiatorin - schließlich nimmt der Besitzer den Hund mit nach Hause und führt selbst das Verhaltensschulungsprogramm durch.

Das Führtraining ist auf viele Weise von unschätzbarem Wert. Der Hund lernt, seine Aufmerksamkeit auf die Aufgaben zu richten. Angstgefühle lösen sich auf, und der Hund konzentriert sich auf seine Aufgabe an der Hand. Seine Koordination und sein Rhythmus verbessern sich, was sehr wichtig für Hundeprüfungen oder Agility ist. Das Führtraining hilft auch, den Hund in seine Balance zu bringen, womit gemeint ist, daß er unabhängig stehen und sitzen lernt, ohne zu ziehen oder sich anzulehnen. Mit anderen Worten, der Hund übernimmt Verantwortung für sein Verhalten, eine grundlegende Lektion zur Lösung von Verhaltensproblemen.

Linda Tellington-Jones demonstriert den Ohren TTouch.

▸ *Fern, Deutsche Schäferhündin*

Fern, eine 22 Monate alte Deutsche Schäferhündin, hatte über einen langen Zeitraum Aggressionsprobleme. Bevor sie zu mir gebracht wurde, gipfelte ihre Aggression in einem Angriff auf einen Nachbarn. Die Hündin war ängstlich, als sie in meinem Wohnzimmer saß. Fern blieb die ganze Zeit neben dem Stuhl ihrer Besitzerin sitzen und blickte mich mit erhobenem Kopf wachsam an.

Ich entschied, daß Fern eine gute Kandidatin für den Tellington-Touch wäre und fragte die Besitzerin, ob ich ihr ein Halti anlegen könnte. Anschließend hielt die Besitzerin Fern, während ich mit der Körperarbeit begann. Ich spürte, daß ein oder zwei Minuten TTouch mit jeweils etwa fünfminütigen Pausen genug für die Hündin wäre. Nach einer Weile konnte die Besitzerin Fern loslassen, während ich ihre Lefzen und ihr Zahnfleisch bearbeitete. Nach dieser Lektion verließ ich für etwa eine Minute den Raum. Während meiner Abwesenheit stand die Hündin dicht bei der Tür und behielt sie die ganze Zeit im Auge. Sie legte ihren Kopf zur Seite und wedelte mit der Rute. Dieses Verhalten zeigte Fern sonst nur, wenn ihre Besitzer den Raum verließen. Als ich zurückkehrte, setzte ich mich auf die Couch und rief sie. Sie kam schwanzwedelnd auf mich zu, stellte ihre Vorderläufe auf meine Beine und leckte mein Gesicht. Wir waren alle erstaunt.

Der Tellington-Touch ist ohne Zweifel eine gute Empfehlung für die erste Kontaktaufnahme. Ich kenne keinen anderen Weg, mit dem ich eine ähnlich schnelle Verbindung aufbauen könnte. Das übliche Streicheln, das wir alle machen, hat nicht den gleichen Effekt.

DIE CHECKLISTE

HAT IHR HUND EINES DER FOLGENDEN PROBLEME?

Viele typische Verhaltensprobleme können Sie durch das Tellington-Training lösen. Mit Hilfe dieser Liste möchten wir es Ihnen leichter machen, das Verhalten und die Gesundheit Ihres Hundes zu überprüfen. Das Inhaltsverzeichnis weist Ihnen den Weg zu den TTouches und Übungen.
Die TTouches ersetzen selbstverständlich keinesfalls den Besuch beim Tierarzt. Mit TTouch können Sie aber z.B. die Zeit überbrücken, bis Sie beim Tierarzt eintreffen, manchen Krankheiten vorbeugen oder auch eine nachfolgende Behandlung unterstützen.

VERHALTENS- UND GESUNDHEITS-CHECK	DAS KÖNNEN SIE UNTER ANDEREM TUN
IHR HUND	
hat Angst bei Fremden oder beim Tierarzt	Ohren TTouch, Liegender Leopard TTouch
hat Angst vor lauten Geräuschen	Ruten TTouch, Maul TTouch, Körperband, Ohren TTouch
pinkelt aus Angst oder Freude	Ohren TTouch, Tiger TTouch
bellt unkontrolliert	Halti, Ohren TTouch, Liegender Leopard TTouch, Maul TTouch, Ruten TTouch
ist hyperaktiv	Kombinierter TTouch, Wolken Leopard TTouch, Zick Zack TTouch, Körperband, Halti, Ohren TTouch
hat Lampenfieber	Ohren TTouch, Maul TTouch, Kombinierter TTouch, Lecken der Kuhzunge
ist ängstlich und unsicher	Ohren TTouch, Maul TTouch, Beinkreisen, Ruten TTouch, Körperband, Wolken Leopard TTouch
ist schüchtern	Liegender Leopard TTouch, Ruten TTouch, Körperband
zerbeißt Gegenstände	Maul TTouch
ist aggressiv gegenüber anderen Hunden	Halti, Wolken Leopard TTouch, Körperband, Führtraining gemeinsam mit anderen Hunden
ist aggressiv gegenüber Katzen	Halti, TTouches gemeinsam mit einer Katze, Körperband
zieht an der Leine	Halti, Führtraining, Balanceleine, Wolken Leopard TTouch
bleibt an der Leine zurück	Halti, Doppelter Diamant, Führtraining, Körperband, Ohren TTouch, Python TTouch, Beinkreisen
erbricht sich beim Autofahren	Ohren TTouch
ist beim Autofahren unruhig und tobt	Ohren TTouch, Halti, Körperband
hat Probleme beim Bürsten	Tarantel TTouch, Haargleiten, TTouch mit Schaffell, Kombinierter TTouch
hat Probleme beim Baden	Ohren TTouch, Kombinierter TTouch, Haargleiten, Beinkreisen vor und während des Badens
hat Probleme beim Krallenschneiden	Python TTouch an den Beinen, Waschbär TTouch an den Pfoten und Krallen, Beinkreisen, TTouches mit der Pfote
hat eine frische Verletzung	auf dem Weg zum Tierarzt: Ohren TTouch, leichte Waschbär TTouches am ganzen Körper mit Ausnahme der Wunde

hat eine verheilende Verletzung, z.B. eine Naht	Waschbär TTouch, Liegender Leopard TTouch
hat eine Operation vor sich	Ohren TTouch, Liegender Leopard TTouch
hat Fieber	auf dem Weg zum Tierarzt: Ohren TTouch
hat einen Schock, z.B. nach einem Unfall	auf dem Weg zum Tierarzt: zuerst Ohren TTouches, danach Liegende Leopard TTouches
hat Arthrose	Python TTouch, Waschbär TTouch, Ohren TTouch, Körperband
hat Hüftbeschwerden	täglich Waschbär TTouch, Python TTouch, Ruten TTouch
ist im Zahnwechsel	Maul TTouch mit kaltem Waschlappen
hat Verdauungsschwierigkeiten	Ohren TTouch, Bauchheben, Liegende Leopard TTouches am Bauch
hat Bauchschmerzen	auf dem Weg zum Tierarzt: Ohren TTouch, Bauchheben
ist sensibel an den Ohren	Lama TTouch, Liegende Leopard TTouches mit Schaffell, Kreise auf den am Kopf anliegenden Ohren, dabei immer den Kopf unterstützen
hat Muskelkater	Python TTouch, Kombinierter TTouch
hat Schwierigkeiten beim Aufstehen und Treppensteigen	Körperband, Bauchheben, Python TTouch, Tarantel TTouch, Ruten TTouch, Ohren TTouch, Lecken der Kuhzunge
hat Allergien	Bär TTouch, Ohren TTouch, Wolken Leopard TTouch
hat Juckreiz	Tiger TTouch, Bär TTouch mit Waschlappen

IHRE HÜNDIN

hat Schwierigkeiten beim Decken	Ohren TTouch, Ruten TTouch, Kombinierter TTouch an den Hinterläufen, Wolken Leopard TTouch
ist trächtig	Bauchheben, Liegende Leopard TTouches und Kombinierte TTouches am Bauch, Waschbär TTouch, Ohren TTouch
braucht Unterstützung während der Geburt	Ohren TTouch, Liegender Leopard TTouch, Python TTouch, Kombinierter TTouch
nimmt die Welpen nicht an	Ohren TTouch, Liegender Leopard TTouches mit warmem Waschlappen am Gesäuge, Maul TTouch

IHR RÜDE

ist aggressiv gegenüber anderen Rüden	Halti, Labyrinth, Gertenarbeit, Führtraining mit anderen Hunden, Brieftaube; Kastration in Erwägung ziehen

IHR WELPE

verweigert die Muttermilch	Maul TTouch, Ohren TTouch, leichte TTouches auf der Zunge, Waschbär TTouches am ganzen Körper
zahnt	Maul TTouch
soll die Krallen geschnitten bekommen	Python TTouch am Bein, Waschbär TTouch an den Pfoten und Krallen
ist in der Sozialisierungsphase	Maul TTouch, Ohren TTouch, Wolken Leopard TTouch, Ruten TTouch, TTouches an den Pfoten

Tellington-Touch

WARUM MACHEN WIR TTOUCH?

Mit Ohren TTouches können Sie Streß reduzieren und das Immunsystem aktivieren.

»TTouch ist eine non-verbale Sprache.« Diese treffende Erklärung für den TTouch benutzt Linda Tellington-Jones, wenn sie ihre Arbeit in kurzen Worten erklärt. Das Ziel der TTouch-Körperarbeit ist, die Funktion und Lebenskraft der Zellen des ganzen Körpers zu aktivieren und unbenutzte Nervenbahnen aufzuwecken. Es hat sich herausgestellt, daß durch die überwiegend kreisenden Bewegungen alle vier Gehirnwellen aktiviert werden, was einem idealen Lernzustand entspricht. Es werden außerdem Hormone ausgeschüttet, die Streß verringern. Weitere positive Effekte: Sie lernen Ihren Hund besser kennen. Er bekommt Vertrauen, Selbstsicherheit, ein intensiveres Körperbewußtsein und fühlt sich wohler. TTouches helfen aber auch bei Problemen wie Nervosität und Verspannungen. Einige der TTouches sehen wie eine Art Massagegriff aus, aber auch sie dienen nicht allein der Lockerung der Muskeln, sondern wirken sich vor allem auf das Verhalten aus.

DRUCKSTÄRKEN

Die meisten TTouches werden leichter ausgeführt als Sie sich vorstellen können, denn unser Interesse ist es, die Zellen und die Nervenbahnen zu aktivieren anstatt nur die Muskeln zu lockern. Wir haben eine Skala entwickelt, um Ihnen die Druckstärke der TTouches verständlich zu machen. Probieren Sie die verschiedenen Druckstärken zuerst an sich selber aus:

- Um den sanftesten Druck herauszufinden, berühren Sie mit dem Mittelfinger Ihr Augenlid und schieben es mit dem leicht möglichsten Kontakt in einem 1-1/4-Kreis über den Augapfel, während der Daumen auf dem Wangenknochen ruht. Dies ist der Druck der Stärke eins. Achtung: Machen Sie dies bitte vorsichtig, wenn Sie Kontaktlinsen tragen.
- Probieren Sie diesen leichtesten Druck auf den Muskeln Ihres Unterarmes aus. Gehen Sie wieder zurück zu Ihrem Auge und bewegen Sie Ihr Augenlid jetzt mit so viel Druck, wie es gerade noch angenehm ist. Dies ist die Druckstärke drei.
- Übernehmen Sie diesen Druck wieder auf Ihren Unter-

Die meisten TTouches werden mit sanftem Druck ausgeführt.

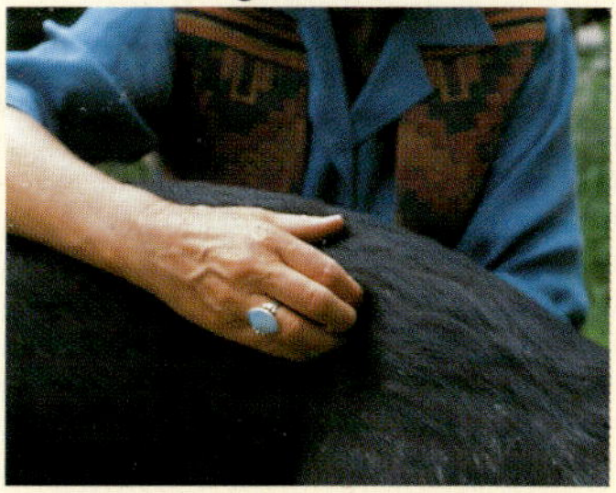

arm und achten Sie auf die Eindellung Ihrer Haut. Wenn Sie die Tiefe verdoppeln, erhalten Sie die Druckstärke sechs.

▸ Passen Sie den Druck den Reaktionen Ihres Hundes an. Normalerweise verwenden wir an nicht empfindlichen oder nicht schmerzhaften Stellen die Druckstärke drei bis fünf. Empfindliche Körperstellen behandeln wir mit der sanftesten Druckstärken eins bis zwei.

SICHERHEITSTIPS UND MEHR

Wenn Sie Ihren eigenen Hund touchen, sollten Sie ihn so gut kennen, daß Sie keine Angst vor plötzlichen, unerwarteten Abwehrreaktionen haben brauchen. Seien Sie aber trotzdem vorsichtig, vor allem, wenn Sie mit fremden, ängstlichen oder aggressiven Hunde arbeiten.

▸ Schauen Sie fremden, ängstlichen oder aggressiven Hunden beim TTouchen nicht direkt in die Augen. Hunde empfinden das als bedrohlich. Nähern Sie sich also immer von der Seite oder von hinten, und beginnen Sie von dort aus mit den TTouches.

▸ Reagieren Sie rechtzeitig auf Abwehrreaktionen des Hundes. Reduzieren Sie den Druck oder wechseln Sie zu einer anderen Körperstelle, wenn Sie merken, daß der Hund unwillig reagiert.

▸ Manche Hunde legen sich beim TTouch gerne entspannt hin, manche fühlen sich am Anfang sicherer im Stehen oder Sitzen. Machen Sie es sich selbst bequem, halten Sie Ihre Handgelenke gerade und atmen Sie gleichmäßig.

▸ Unterstützen Sie den Kopf des Hundes mit einer Hand, wenn Sie am Kopf arbeiten. Entlastend für Hunde mit Hüft- oder Rückenbeschwerden ist das Unterschieben der Hand oder des Knies unter den Hundebauch, wenn Sie die Rute oder den Rücken eines stehenden Hundes behandeln.

▸ Den Kopf zappeliger Hunde können Sie mit dem Daumen am Halsband eingehakt stabilisieren.

Einen unruhigen Hund können Sie mit dem Daumen am Halsband stabilisieren.

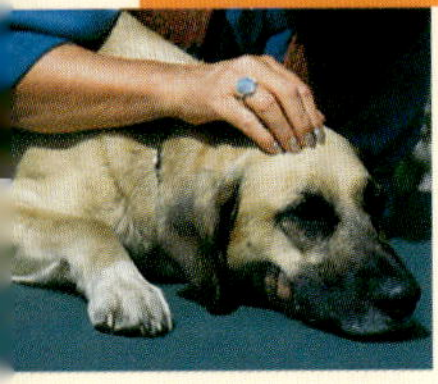

Der Wolken Leopard TTouch

Der Wolken Leopard TTouch ist der Basis-TTouch, aus dem sich die anderen kreisenden TTouches entwickelt haben. Die leicht gekrümmten Finger können mit sanftem oder auch stärkerem Druck bewegt werden. Ihr Hund entwickelt Vertrauen und die Bereitschaft zur Zusammenarbeit. Besonders bewährt hat sich dieser TTouch zur Reduzierung von Nervosität oder Angst. Er hilft Ihrem Hund, sich an die verschiedensten Lebenssituationen zu gewöhnen, zum Beispiel beim Sport oder in Hundeprüfungen.

▸ *Kopf bis Rücken*
Mit Ganzkörper Wolken Leopard TTouches vermitteln Sie Ihrem Hund Bewußtsein für seinen Körper und intensivieren sein Wohlbefinden. Beginnen Sie in der Mitte des Kopfes und folgen Sie einer geraden Linie. Gleiten Sie mit den TTouches über den Hals, die Schultern und die Flanke bis zum Ende des Rückens. Um den ganzen Körper zu behandeln, ziehen Sie weitere Linien möglichst parallel zueinander über den Hundekörper.

▸ *Vorder- und Hinterläufe*
Verspannte, ängstliche oder scheue Hunde werden durch TTouches an den Läufen sicherer und bekommen eine bessere Verbindung zum Untergrund. Beginnen Sie am Oberschenkel bzw. Oberarm, und wandern Sie mit gleichmäßigen TTouch-Abständen hinunter bis zur Pfote. Ihr Hund kann stehen oder liegen, ganz wie es ihm angenehm ist.

SO SIEHT ES AUS

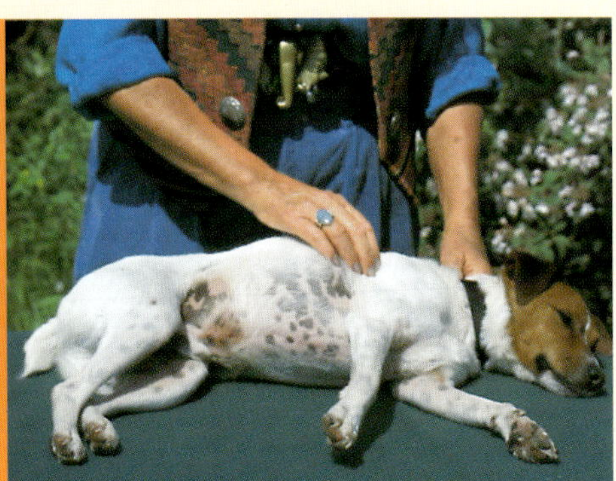

SO GEHT'S

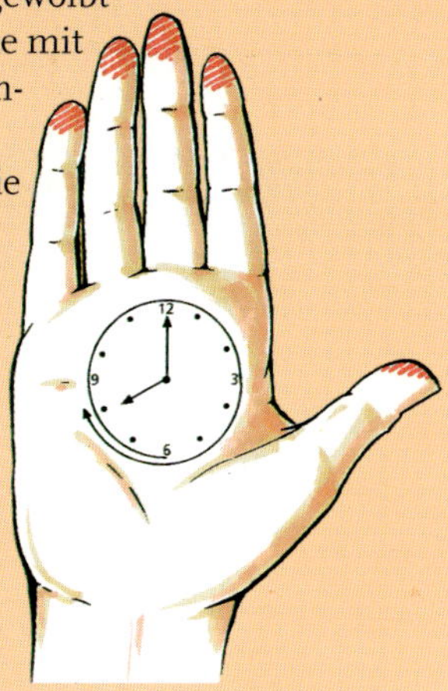

Legen Sie Ihre Hand leicht gewölbt auf das Fell, und bewegen Sie mit Ihren nah beieinander liegenden Fingern die Haut in einem 1-1/4-Kreis herum. Die in der Zeichnung schraffierten Bereiche der Finger haben Kontakt mit dem Fell. Der Daumen liegt mit auf dem Fell und hält eine Verbindung zu den restlichen Fingern. Halten Sie Ihr Handgelenk so gerade wie möglich und so bequem, daß Finger, Hand, Arm und Schultern weich und entspannt sein können. Ihre andere Hand legen Sie als Unterstützung ebenfalls auf den Hundekörper auf. Beginnen Sie bei 6.00 Uhr und schieben Sie die Haut einmal im Uhrzeigersinn herum und weiter bis etwa 8.00 oder 9.00 Uhr. Die gebräuchlichste Geschwindigkeit für einen Kreis beträgt zwei Sekunden mit einem Druck der Stärke zwei bis vier. Wenn Sie einen Kreis beendet haben, verbinden Sie ihn mit dem nächsten, indem Sie ein Stück auf dem Fell weitergleiten.

▸ *Pfoten*
Durch Wolken Leopard TTouches an den Pfoten wird Ihr Hund "geerdet" und trittsicher. Sie sind auch eine gute Vorbereitung auf das Krallenschneiden. TTouches an den Pfoten sollten Sie mit mittlerem Druck ausführen.

WAS MACHE ICH, WENN...

... mein Hund den TTouch nicht mag oder sich versucht zu entziehen?

Einen nervösen oder jungen Hund müssen Sie am Anfang oft festhalten. Wenn Ihr Hund anfangs ruhig ist und sich erst wegbewegt, wenn Sie mit den TTouches beginnen, dann gibt es dafür viele mögliche Gründe: Es kann sein, daß der Druck zu stark ist, Sie Ihre Finger steif halten, Sie zu viele TTouches an einem Ort machen oder daß Ihr Hund an dieser Stelle empfindlich ist. Probieren Sie einen anderen TTouch aus, verlangsamen Sie die Geschwindigkeit oder verändern Sie die Druckstärke.

BELLA, DEUTSCHE DOGGE
BEWEGUNGSSCHWIERIGKEITEN

Beim Wolken Leopard TTouch wird die Kreisbewegung mit den Fingerkuppen ausgeführt.

Ein Züchter Deutscher Doggen wandte sich an mich, weil er sich Sorgen um seine elf Monate alte Hündin Bella machte. Sie hatte einen hochgewölbten Rücken und kreuzte beim Gehen ihr rechtes Hinterbein vor das linke. Bella hatte außerdem in den letzten zwei Wochen acht Kilogramm Gewicht verloren und bewegte sich nur, wenn er sie dazu aufforderte. Sie reagierte aggressiv, wenn er sie anfassen wollte.

Sein Tierarzt hatte geraten, Bella röntgen zu lassen, um der Ursache auf die Spur zu kommen. Zweifaches komplettes Röntgen lieferte keine Hinweise auf organische Schäden. Niemand schien zu wissen, was mit Bella los war. Der Züchter wurde mit einem Medikament nach Hause geschickt und sollte wiederkommen, wenn sich keine Besserung einstellen würde.

Zu diesem Zeitpunkt kam der ratlose Besitzer zu mir und bat mich, Bella anzusehen. Es schien mir, als würde eine der Ursachen ihrer Bewegungsschwierigkeiten in ihrer verspannten Muskulatur liegen.

Sicherheitshalber ließ ich den Besitzer Bella halten, während ich mit den TTouches an ihrer Hinterhand begann. Zuerst machte ich Liegende Leopard TTouches an den Innenseiten ihrer zusammengepreßten und verkrampften Hinterbeine, um die Muskeln zu lösen und ihr Vertrauen zu gewinnen. Anschließend folgten sanfte Wolken Leopard TTouches an den Außenseiten der Hinterläufe. Als Bellas Muskeln sich etwas lockerten, bat ich den Besitzer, ein paar Schritte mit Bella zu gehen. Zu seiner und meiner Überraschung ging sie absolut korrekt.

Ich zeigte dem Züchter, wie die TTouches funktionieren und riet ihm, die Behandlung regelmäßig mehrmals in der Woche zu machen. Als wir einige Tage später telefonierten, sagte er mir, daß es Bella großartig ginge. Bellas Behandlung mit den TTouches wurde fortgesetzt, und sie wurde zu einem normalen, gesunden Hund. *(von Patty Dykes)*

WIZARD, BERNHARDINER
ARTHROSE

Linda gab vor etwa eineinhalb Jahren einen TTeam-Kurs für Pferde bei uns. Zur gleichen Zeit hatte mein Bernhardiner Wizard einen schlimmen Arthroseanfall im Halsbereich. Wizard war nicht in der Lage, seinen Hals zu beugen, ohne vor Schmerzen zu wimmern. Er konnte nur im Liegen essen und trinken.

Linda schlug vor, ihn mit Wolken Leopard TTouches zu behandeln. Noch am späten Abend fing ich mit den TTouches an, beginnend hinter seinen Ohren, dann an den Seiten seines Körpers entlang bis zu seiner Rute. Ich zog die TTouches in Linien über seinen Körper.

Am nächsten Morgen lief Wizard voller Energie auf mich zu, so als ob er um mehr TTouches bitten wollte. Seine Arthrose ist seitdem nie wieder in solcher Heftigkeit zurückgekehrt. Inzwischen kommt Wizard mehrmals im Jahr zu mir und macht sich für die TTouches bereit. Er kennt das Wort »TTouches« und fordert sie bei entsprechender Witterung bei mir ein.

Wizard scheint schon nach den TTouches zu verlangen, bevor die Steifheit seines Halses für mich erkennbar wird. Darin liegt vielleicht der Grund, daß sich seine Arthrose so gebessert hat. Wizard und ich danken Linda Tellington-Jones. *(von Eleanore Blancanelle Gardiner)*

Der Kopf des Hundes sollte mit der anderen Hand unterstützt werden.

Der Liegende Leopard TTouch

Die beim Liegenden Leopard TTouch flach auf dem Körper liegende Hand erzeugt Wärme und wirkt somit entspannend. Die Finger der flachen Hand sollten mit sanftem Druck bewegt werden - durch diese leichten Berührungen wird das Vertrauen zwischen Ihnen und Ihrem Hund vertieft.

▸ *Kopf und Hals*
Berührungen und Streicheln am Kopf mögen fast alle Hunde. Wenn Ihr Hund aber ängstlich ist, kann es sein, daß er sich nicht gerne anfassen läßt. Bauen Sie durch sanfte Liegende Leopard TTouches auf der Stirn, neben und unter dem Maul sowie am Hals und gesamten Körper Vertrauen auf.

▸ *Schultern*
Eine verspannte Schultermuskulatur wirkt sich negativ auf die Bewegungsfreiheit, die Rückenmuskulatur und die Atmung aus. Durch die Wärme der Hände entspannen sich die Muskeln, wodurch sich Angst, Nervosität und Hyperaktivität verringern lassen.

SO SIEHT ES AUS

WAS MACHE ICH, WENN...

... mein Hund nicht sitzen oder liegen bleibt?
Machen Sie die TTouches konzentriert und bewußt, ohne sich von äußeren Einflüssen ablenken zu lassen. Konzentrieren Sie sich auf einen gleichmäßig runden Kreis, den Sie mit flexiblen Fingern ausführen. Machen Sie die Kreisbewegung entgegen der Uhrzeigerrichtung. Dies finden einige Tiere anfangs angenehmer und beruhigender. Nach einer Weile sollten Sie die TTouches aber im Uhrzeigersinn ausführen können.

▸ *Oberschenkel und Beine*
Hunden mit Hüftproblemen, Muskelkater durch ungewohnt intensives Training oder mit Angst vor lauten Geräuschen helfen Liegende Leopard TTouches innen und außen an den Oberschenkeln. Wandern Sie mit verbundenen Liegenden Leopard TTouches hinunter bis zu den Pfoten.

SO GEHT'S

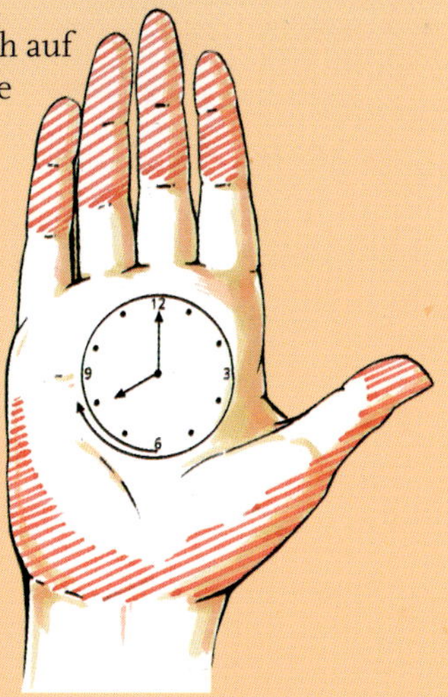

Legen Sie Ihre Hand flach auf das Fell, und bewegen Sie mit Ihren Fingern die Haut in einem 1-1/4-Kreis. Sehen Sie sich die Zeichnung an: Die schraffierten Teile der Hand haben normalerweise Kontakt mit dem Fell. In manchen Fällen, z.B. am Bein oder am Kopf, können Sie den Handballen nicht mit auflegen, da Sie sonst Ihr Handgelenk nicht gerade halten können. Ihre andere Hand legen Sie mit auf den Hundekörper auf. Beginnen Sie bei 6.00 Uhr und schieben Sie die Haut einmal im Uhrzeigersinn herum und weiter bis etwa 8.00 oder 9.00 Uhr. Der Daumen bleibt als Verbindung zu den anderen Fingern auf dem Fell liegen. Wir empfehlen, die Kreise langsam und mit einer geringen Druckstärke auszuführen. Ein 1-1/4-Kreis sollte dabei ca. zwei Sekunden dauern. Wenn Sie einen Kreis beendet haben, verbinden Sie ihn mit dem nächsten, indem Sie ein Stück auf dem Fell weitergleiten.

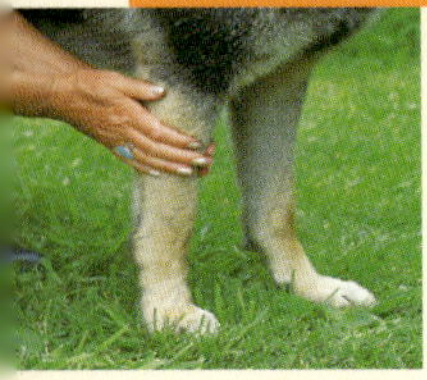

Der Python TTouch

Die Python TTouches eignen sich für scheue und unsichere Hunde. Angst und Verspannung schränken das Körpergefühl und Selbstbewußtsein ein und verringern die Durchblutung. Durch Python TTouches an den Beinen wird die Durchblutung verbessert und Unsicherheit abgebaut. Bei Sport- und Gebrauchshunden können Python TTouches zur Leistungssteigerung beitragen und feste oder schmerzende Muskeln von Lebensrettungs- und Therapiehunden entlasten. Sie verbessern außerdem die Beweglichkeit, die Balance und das Gangvermögen.

Sie können den Python TTouch an den Schultern, am Rumpf und an den Beinen ausführen. Die Bilder zeigen, wie er an den Beinen funktioniert.

▸ *Vorderläufe*

Nähern Sie sich Ihrem Hund von der Seite, und umschließen Sie mit Ihrer Hand direkt unter dem Ellenbogen das Bein. Bei größeren Hunden können Sie mit beiden Händen arbeiten, bei kleineren auch mit den Fingern. Gleiten Sie nach dem ersten TTouch ein Stück herunter und machen Sie den jeweils nächsten, bis Sie unten bei der Pfote angekommen sind.

▸ *Oberer Teil der Hinterläufe*

Umfassen Sie den Oberschenkel mit Ihren flachen Händen, die Daumen liegen auf den Außenseiten des Oberschenkels. Beugen Sie sich sicherheitshalber nur dann über einen Hund, wenn Sie ihn gut kennen und sich sicher sind, daß er nicht schnappt oder beißt. Der Python TTouch in dieser Region ist vor allem hilfreich für Hunde, die Angst vor lauten Geräuschen haben.

SO SIEHT ES AUS

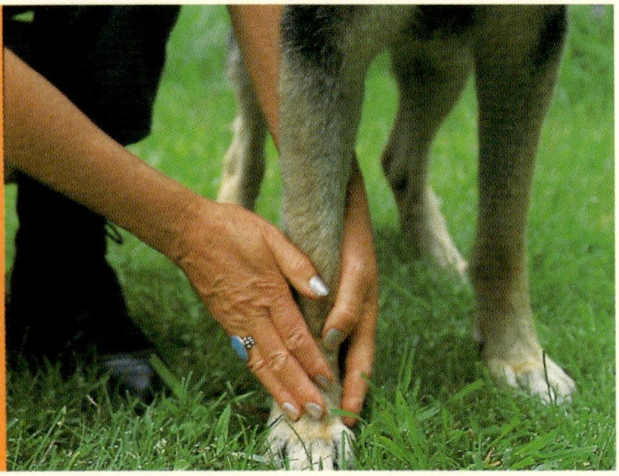

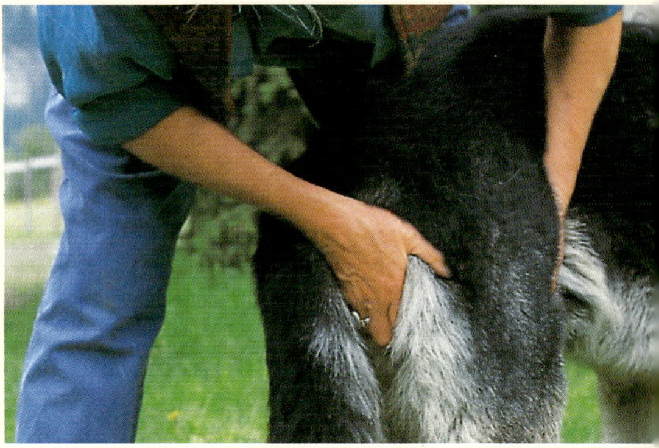

WAS MACHE ICH, WENN...

... mein Hund sich nicht berühren lassen will?
In extremen Fällen, zum Beispiel, wenn der Hund schnappen würde, sobald Sie ihn berühren, dann gewöhnen Sie ihn an die Berührungen mit Hilfe der Gerte. Sie können ihn so aus einem sicheren Abstand heraus abstreichen. In den meisten Fällen reicht es aus, wenn Sie am Anfang ein Stück Schaffell benutzen. Beginnen Sie mit verbundenen kreisenden TTouches, bevor Sie zu den Python TTouches wechseln.

▸ *Unterer Teil der Hinterläufe*
Im unteren Bereich hat das Bein einen geringeren Durchmesser und Sie können es mit beiden Händen oder einer Hand komplett umfassen. Machen Sie es so, wie es für Sie und Ihren Hund bequem ist. Wenn Sie unten bei der Pfote angekommen sind, streichen Sie das Bein mit Noahs Marsch einmal von oben nach unten ab.

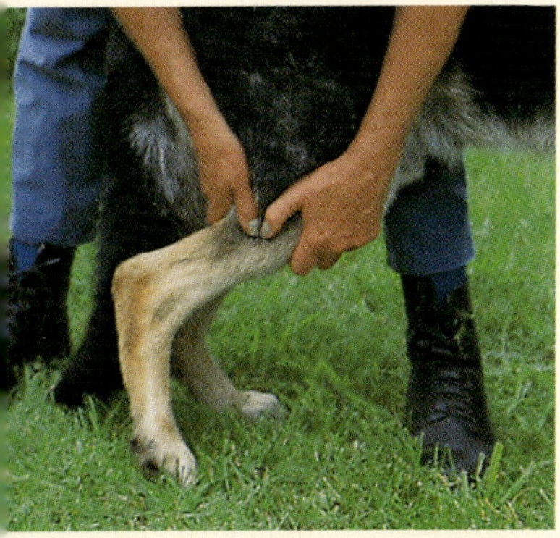

SO GEHT'S

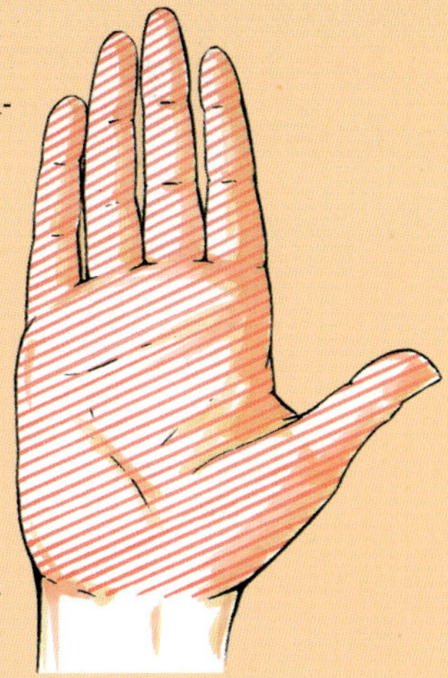

Python TTouch
Legen Sie Ihre flach gehaltene Hand auf das Fell, schieben Sie die Haut sanft nach oben und atmen Sie dabei ein. Halten Sie die Haut ein paar Sekunden dort. Mit der zweiten Hand können Sie Ihren Hund am Halsband festhalten oder ihn an der Brust stabilisieren. Behalten Sie den gleichen Kontakt, während Sie die Haut wieder herunterlassen und atmen Sie aus. Nehmen Sie sich für das Herunterlassen doppelt soviel Zeit wie für das Hochschieben, der Entspannungseffekt ist dann größer. Wenn Sie den Python TTouch an den Beinen machen, wandern Sie jeweils eine handbreit weiter nach unten, bis Sie an der Pfote angekommen sind. Wenn Sie am Rumpf arbeiten, führen Sie die Python TTouches in gleichmäßigen Abständen nebeneinander in parallelen Linien am Körper entlang.

Kombinierter TTouch
Dieser TTouch ist eine Kombination aus kreisendem TTouch und Python TTouch. Die Kreisbewegung erzeugt Aufmerksamkeit, der anschließende Python TTouch vertieft die Atmung und entspannt. Am Ende der Kreisbewegung, z.B. einem Wolken Leopard TTouch, schieben Sie die Haut mit der flachen Hand bei 9.00 Uhr senkrecht nach oben und anschließend wieder herunter. Beim Hochschieben atmen Sie ein, beim Herunterschieben aus.

Der Muschel TTouch

Der Muschel TTouch ist ideal für sensible, kranke oder verletzte Hunde, da die flach aufliegende Hand Wärme und Sicherheit vermittelt. Nervöse Tiere kann man mit dem Muschel TTouch beruhigen und entspannen. Hunde, die empfindlich auf Berührungen oder das Bürsten reagieren, können mit Hilfe des Muschel TTouches ihre Angst und Widersetzlichkeiten überwinden.

SO GEHT'S

Beim Muschel TTouch legen Sie Ihre Hand flach auf den Körper. Der ganze Handteller bewegt die Haut im üblichen 1-1/4-Kreis herum. Wichtig bei diesem TTouch ist, daß der Handteller die Haut mit wenig Druck verschiebt.

▸ *Schulter*

Bei Nervosität, Verspannungen oder Schmerzen in den Schultern lockern Muschel TTouches die verkrampften Muskelpartien. Auch die Wärme der Hand trägt dazu bei, daß Besserung eintritt. Wenn sich Ihr Hund, wie hier Robyns Hündin Shawnee, hinlegt, können Sie beide Schulterpartien bequem von hinten erreichen.

Der Lama TTouch

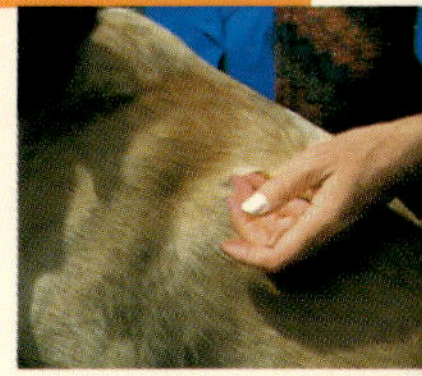

Der Lama TTouch wird mit dem Rücken der Finger ausgeführt, was besonders von sensiblen und ängstlichen Hunden als weniger bedrohlich empfunden wird. Diesen TTouch verwenden wir am Anfang bei solchen Hunden, bis sie Vertrauen in unsere Berührungen gefaßt haben und wir auch andere TTouches anwenden können.

SO GEHT'S

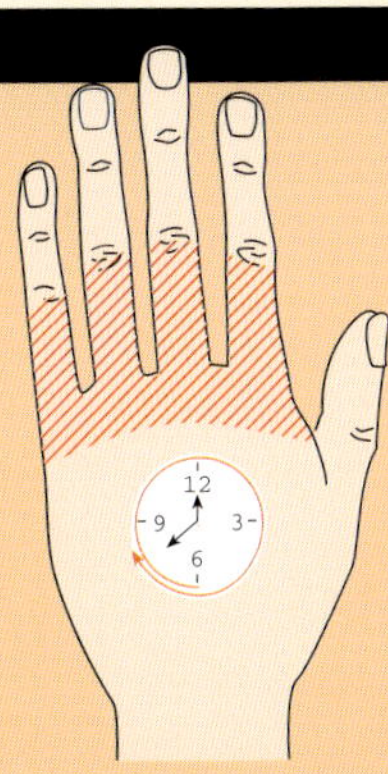

Beim Lama TTouch benutzen Sie den Handrücken oder den Rücken der Finger, um damit den 1-1/4-Kreis auszuführen. Der Druck kommt dabei, je nach Handhaltung, aus den Knöcheln oder dem ganzen Handrücken heraus. Beginnen Sie wie üblich bei 6.00 Uhr, und schieben sie die Haut in einem 1-1/4-Kreis herum.

WAS MACHE ICH, WENN...

... mein Hund sich gar nicht berühren läßt?
Für diesen Fall eignet sich der Lama TTouch häufig gut. Viele Hunde haben Angst vor der geöffneten Hand, denn sie scheint nach ihnen greifen zu wollen. Nähern Sie sich dagegen einem verängstigten Hund mit der geschlossenen Hand, wirkt das viel weniger bedrohlich und die Tiere akzeptieren diese sanfte Berührung mit dem Handrücken.

▸ *Flanken*
Hunde, die Angst haben, fangen oft an zu zittern und sind sehr angespannt. Linda hält hier den Jack Russell Terrier Bandit sanft an der Schulter, spricht beruhigend mit ihm und streicht mit dem Lama TTouch an der Flanke entlang, um seine Anspannungen zu lösen.

SO SIEHT ES AUS

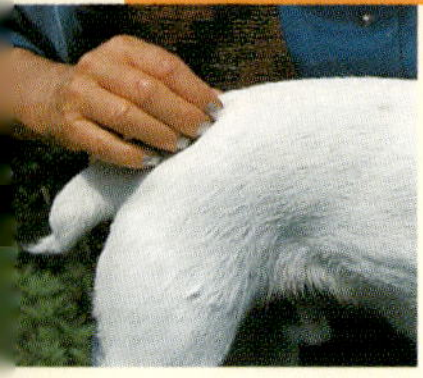

Der Waschbär TTouch

Manchmal kommt es darauf an, auf kleinräumige Bereiche einzuwirken, zum Beispiel bei Beschwerden durch eine Hüftgelenksdysplasie. Mit dem Waschbär TTouch können Sie Schmerzen in kurzer Zeit verringern, wenn Sie ihn mit so wenig Druck wie möglich arbeiten. Es können außerdem Heilungsprozesse beschleunigt werden und mehr Bewußtheit in die betroffenen Regionen gebracht werden.

▸ *Rücken und Oberschenkel*
Bei Schmerzen und Verspannungen im Rücken oder in den Oberschenkeln empfehlen wir sehr sanfte Waschbär TTouches. Verspannungen können dazu führen, daß Ihr Hund nervös oder hyperaktiv wird. Mit dem Waschbär TTouch können Sie solchen Problemen vorbeugen. Falls Ihr Hund ein Bein nicht voll belastet, ist der Waschbär TTouch eine gute Möglichkeit, um mehr Bewußtheit aufzubauen. Oft benutzen die Hunde das Bein nicht normal, weil die Schonhaltung zur Gewohnheit geworden ist oder sie immer noch damit rechnen, daß eine Belastung wehtun könnte.

▸ *Rute*
Hier wird mit sehr sanften Waschbär TTouches an einer kupierten Rute gearbeitet. Kupierte Extremitäten können ein Leben lang Phantomschmerzen aussenden. Mit Hilfe der Waschbär TTouches können Sie solche Schmerz-Erinnerungen ausschalten und mögliche Unsicherheiten beseitigen. Kupierte Ruten sind oft auch verspannt. Auf diesem Bild wird mit der rechten Hand die Rute rundherum getoucht, mit der linken Hand wird sie möglichst gerade in der Verlängerung der Wirbelsäule gehalten.

SO SIEHT ES AUS

WAS MACHE ICH, WENN…

… mein Hund nicht still stehen bleibt?

Sie können Ihren Hund sitzen oder liegen lassen, wenn ihm das Stehen zu anstrengend ist. Falls Ihr Hund allerdings zappelig ist, dann haken Sie Ihren Daumen von hinten in das Halsband, um ihn ruhig halten zu können.

SO GEHT'S

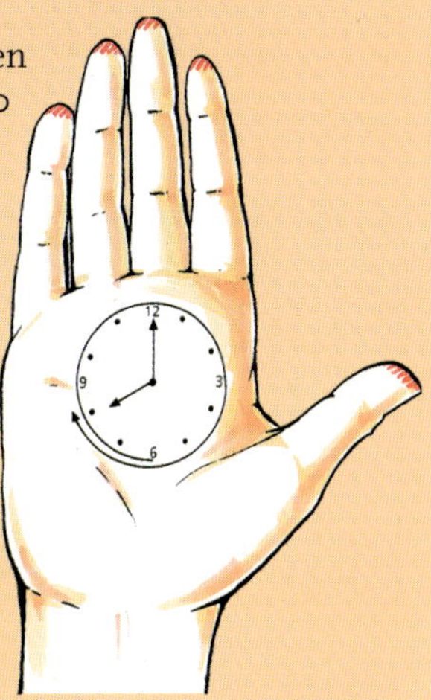

Beugen Sie Ihre Fingerspitzen in einem Winkel von etwa 90 Grad und bewegen Sie die Haut in einem winzigen 1-1/4-Kreis herum. Dieser TTouch wird mit minimalstem Druck ausgeführt. Der Daumen hält eine Verbindung zu den anderen Fingern. Wenn Ihr Hund zu empfindlich ist, machen Sie den Waschbär TTouch ohne den Kontakt mit dem Daumen. In den meisten Fällen, z.B. am Bein oder am Kopf, können Sie den Handballen nicht mit auflegen, da Sie sonst Ihr Handgelenk nicht gerade halten können. Ihre zweite Hand legen Sie in der Nähe der anderen als Balance auf den Hundekörper auf oder stabilisieren mit ihr den Körper des Hundes. Oft hilft es, den Daumen in das Halsband einzuhaken, um den Hund ruhigzuhalten. Die gebräuchlichste Geschwindigkeit für einen 1-1/4-Kreis beträgt zwei Sekunden.

▸ *Rute*

Im Unterschied zur beidhändigen Methode unterstützt Linda hier mit ihrer linken Hand den Rumpf des Hundes. Auf dem Bild kann man erkennen, daß die Muskulatur des Rückens und der Hinterläufe dadurch wesentlich entspannter bleibt, was die Wirkung der Waschbär TTouches effektiver macht.

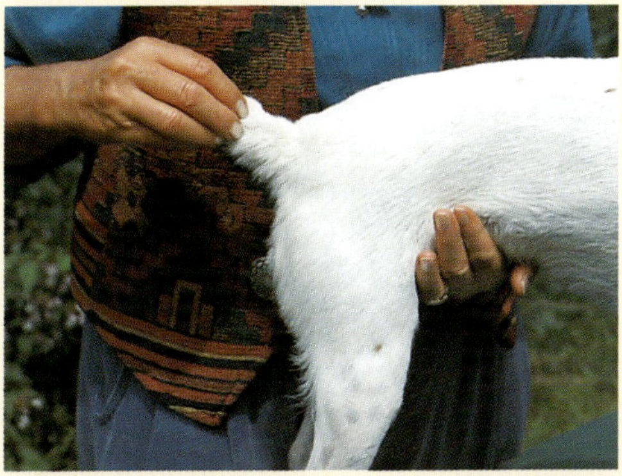

Mit Waschbär TTouches an der Rute können Unsicherheit und Angst überwunden werden.

Waschbär TTouches sind hilfreich zur Reduzierung von Berührungsempfindlichkeit an den Pfoten ...

MELANIE, GOLDEN RETRIEVER MISCHLING
VERWAHRLOST

Ich bekam Melanie vor etwa drei Jahren aus dem Tierheim. Sie hatte eine ganze Weile alleine in einem Sumpf gelebt und war dadurch sehr verwildert. Ihr ganzes Verhalten erinnerte kaum mehr an das eines Hundes.

Melanie hatte etwa ein Drittel Ihres Gewichts verloren, offensichtlich hatte sie längere Zeit hungern müssen. Sie war kaum an der Leine zu führen und versuchte sich ständig zu verstecken.

Ich konnte weder ihre Ohren noch die Beine oder die Rute streicheln. Als ich versuchte, ihre Rute anzufassen, schnappte sie nach meiner Hand. Ich spürte, wenn es mir gelänge, sie zu berühren, könnte ich auch ihr Herz erobern. TTouch war der Schlüssel dazu.

Ich las erneut alle Artikel, die ich je darüber gelesen hatte und versuchte die Informationen auf Melanie zu übertragen. Ich folgte meinem Gefühl und machte kreisende TTouches, Ohren TTouches und strich über ihren Körper.

Ich brauchte mehrere Behandlungen, dann aber entspannte sich Melanie und hörte auf, alles Erreichbare zu zerbeißen.

Melanie genießt jetzt die TTouches und das Bürsten sehr und gehorcht mir uneingeschränkt. Sie ist der strahlendste und glücklichste Hund, den ich je hatte, und meine engste und beste Freundin. *(von Barbara Pennisi)*

DER SCHWACHE WELPE

Ich hatte einen Wurf von zehn Welpen. Einer von ihnen war auffallend kleiner als die anderen. Der Welpe war schwach und zeigte keinerlei Saugreflex. Es ist zwar möglich, junge Hunde mit der Flasche aufzuziehen, trotzdem sollten sie auch Muttermilch trinken, die sie mit wichtigen Abwehrstoffen versorgt.

Ich probierte daher, ihn an eine Zitze zu halten, trotzdem wollte er nicht saugen. Ich machte Waschbär TTouches an seinem Gesicht und Maul und arbeitete an seinen Ohren, während ich seinen Kopf erneut an eine der Zitzen hielt. Die TTouches stimulierten den Welpen, so daß er anfing zu saugen.

Das Saugen war ihm aber nur möglich, wenn ich mit den TTouches fortfuhr. In den ersten zwei Wochen ergänzte ich die Muttermilch durch Ersatzmilch und machte weiterhin die TTouches. Außerdem probierte ich Beinkreise, Python TTouch, Tarantel TTouch und kreisende TTouches, um seinen ganzen Körper zu stimulieren. Nach zwei Wochen konnte der Welpe saugen, ohne durch die TTouches unterstützt zu werden.

Weil er immer noch kleiner war als seine Geschwister, ergänzte ich weiterhin seine Nahrung mit Ersatzmilch, bis er wie die anderen Welpenkost bekommen konnte. Zum Glück konnte ich ihn bis zur Entwöhnung bei seinen Geschwistern lassen. Die meisten schwachen Welpen müssen getrennt aufgezogen werden, damit sie überleben. Solche isoliert von anderen Welpen aufwachsende Junge haben aber oft Probleme bei der Sozialisation.

Ich bin mir sicher, ohne die TTouches hätte ich den Welpen nicht retten oder ihm ein normales Welpendasein schenken können. *(von Linden Spear)*

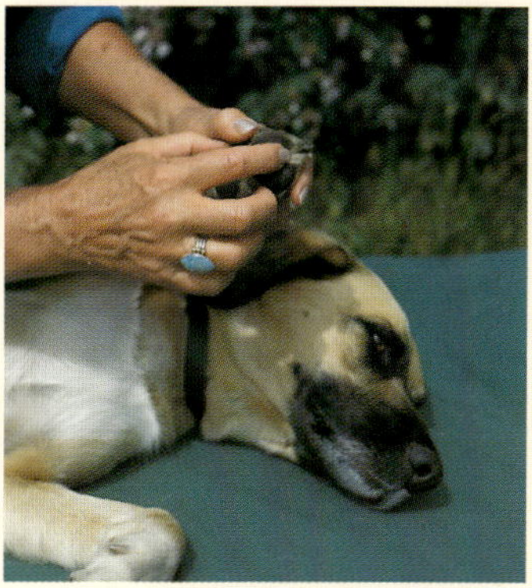

... und den Ballen.

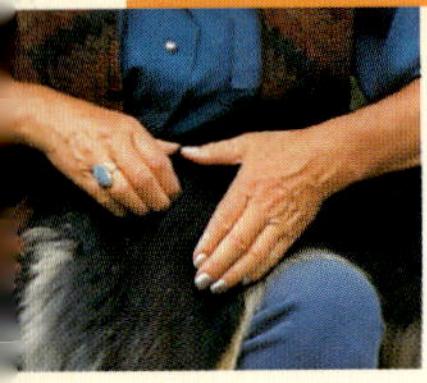

Der Bär TTouch

Beim Bär TTouch winkeln Sie die Finger so, daß Sie die kreisende Bewegung mit den Fingernägeln machen können. Darin liegt auch der Unterschied zum sehr ähnlich aussehenden Waschbär TTouch, bei dem der 1-1/4-Kreis mit den Fingerkuppen ausgeführt wird.

▸ *Lenden und Rücken*
Ältere Hunde haben nicht selten Schwellungen oder Verhärtungen in der Nierenregion. Durch den Bär Touch erzeugen Sie dort größere Bewußtheit und können so zur Abschwellung beitragen. Es ist ganz wichtig, nur mit dem leichtesten Druck zu arbeiten, denn die Besserung kommt nicht durch den Druck zustande, sondern durch die Förderung der Bewußtheit in dieser Region.

SO SIEHT ES AUS

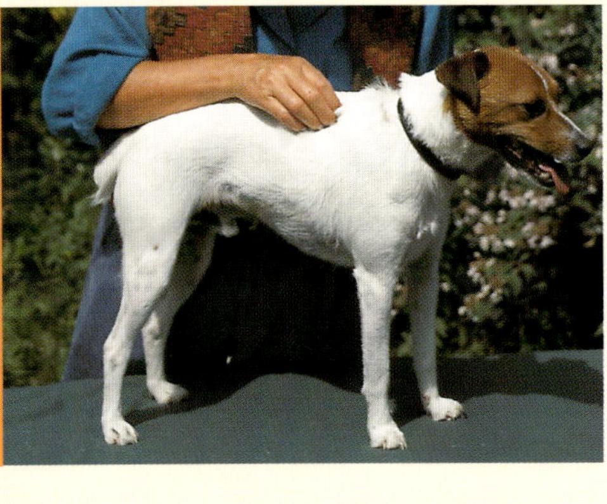

SO GEHT'S

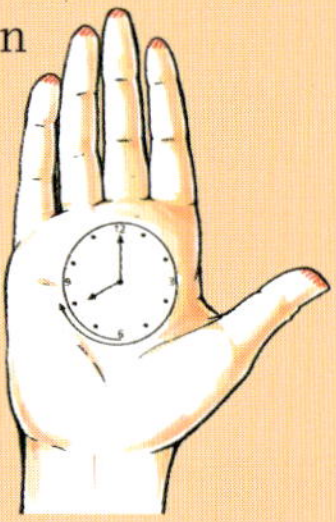

Drücken Sie mit den ersten Fingergliedern senkrecht in die Haut. Machen Sie den 1-1/4-Kreis hauptsächlich mit den Fingernägeln. Wenn Sie an festen Muskeln arbeiten, rollen Sie mit Ihren Fingerspitzen und Fingernägeln über den Muskel, dadurch entsteht ein nur winziger Kreis. Die Finger sollten Sie nah beieinander halten. Um mit dem Bär TTouch effektiv zu sein, sollten Ihre Fingernägel etwa 2 - 4 mm lang sein. Probieren Sie den Bär TTouch an sich selbst aus, um festzustellen, wie sehr Sie Ihre Fingernägel spüren. Die Druckstärke variiert zwischen 1 und 4. Es kann von Vorteil sein, ein feuchtes, kühles Tuch auf irritierte, juckende Stellen zu legen und den TTouch durch das Tuch hindurch zu machen. Insektenstiche, Hautallergien und heiße Stellen touchen Sie mit geringem Druck von 1 bis 3.

Der Tiger TTouch

Wenn Sie großflächigeren Juckreiz stillen oder einen nervösen und hyperaktiven Hund beruhigen wollen, wenden Sie den Tiger TTouch an. Auch als Einstieg einer Behandlung mit einem unruhigen Tier kann dieser TTouch empfohlen werden.

SO GEHT'S

Für den Tiger TTouch setzen Sie Ihre Hand wie eine Art Pranke ein. Beugen Sie die Finger und halten Sie sie etwa einen Zentimeter auseinander. Sie winkeln die Finger, so, daß Sie mit den Fingerspitzen die Haut unter dem Fell spüren können. Zwischen den Fingern halten sie stets gleichmäßige Abstände. Jeder einzelne Finger macht einen selbständigen 1-1/4-Kreis. Der Daumen bleibt, ohne zu kreisen, im Kontakt mit dem Körper. Ihre andere Hand liegt auf dem Hundekörper auf oder stabilisiert ihn.

▸ *Hals und Rumpf*
Den Tiger TTouch können Sie fast überall am Körper anwenden. Machen Sie die Kreise anfangs schnell, wenn Ihr Hund nervös und unruhig ist. Werden Sie mit der Zeit langsamer und beobachten Sie, ob Ihr Tier ruhiger wird. Bei juckenden, heißen Stellen kreisen Sie langsam und mit einer Druckstärke, die Ihrem Hund angenehm ist.

SO SIEHT ES AUS

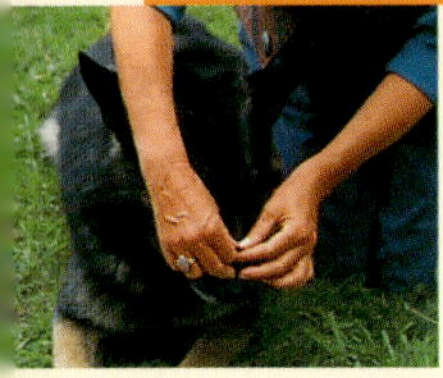

Der Tarantel TTouch

Der Tarantel TTouch ist eine abgewandelte, leichtere Form des Hautrollens. Er befreit von Angst, reduziert Berührungsempfindlichkeit, steigert die Durchblutung und ist hilfreich für Hunde, die nervös auf Berührungen reagieren und kein gutes Körpergefühl haben. Mit Hilfe dieses TTouches verbessern Sie außerdem das Vertrauensverhältnis zu Ihrem Hund. Probieren Sie den Tarantel TTouch auch bei sich oder einem anderen Menschen aus, und spüren Sie selbst die Wirkung.

1 Legen Sie die Hände neben der Wirbelsäule auf das Fell. Falls Ihr Hund nervös reagiert, dann beginnen Sie am Kopf und wandern mit dem Haarstrich bis zur Rute.

2 Ziehen Sie die Daumen gegen die Fellrichtung durch die Haare, denn das aktiviert die Nervenbahnen in der Haut stärker, als wenn Sie mit der Fellrichtung arbeiten.

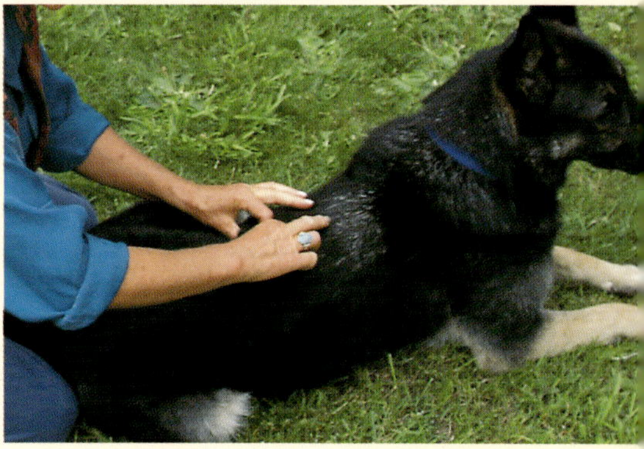

WAS MACHE ICH, WENN…

… mein Hund die Berührungen an der Hinterhand nicht mag und knurrt?
Fahren Sie vorsichtig mit der Körperarbeit unter genauester Beobachtung Ihres Hundes und seiner Signale fort. Beginnen Sie am Hals und wandern Sie von dort aus in Richtung Rute. Wenden Sie viel weniger Druck als vorher an, und werden Sie langsamer. Es kann sein, daß die hintere Region schmerzempfindlich ist oder Ihr Hund Angst hat. Deshalb kann es auch ratsam sein, erst einmal einen anderen TTouch auszuprobieren oder Ihren Hund vorsichtig mit einer Gerte am Hinterteil abzustreichen. Sie können auch mit dem Gertenknauf kreisende Bewegungen an den Hinterläufen machen.

SO GEHT'S

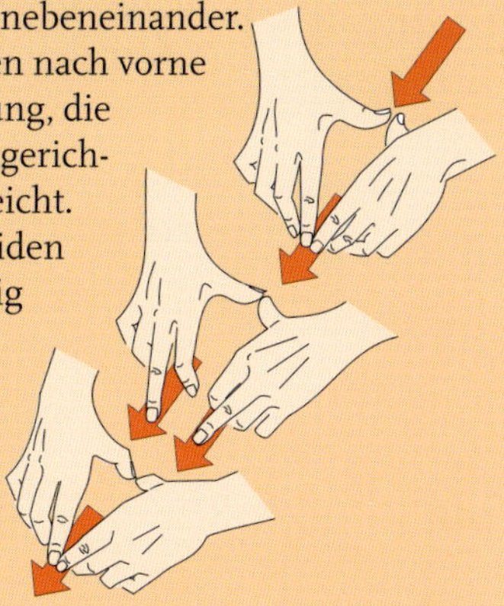

Legen Sie beide Hände nebeneinander. Die Fingerspitzen zeigen nach vorne in die Bewegungsrichtung, die Daumen sind zur Seite gerichtet und berühren sich leicht. Machen Sie nun mit beiden Zeigefingern gleichzeitig einen Schritt von ca. 3 cm nach vorne und ziehen Sie die Daumen wie einen Pflug hinterher. Die Haut, die sich vor Ihren Daumen befindet, wird dabei sanft gerollt. Als nächstes führen Sie die Mittelfinger gemeinsam einen Schritt vor. Zeigefinger und Mittelfinger wechseln sich bei jedem Schritt ab. Die Daumen werden dabei immer hinterhergezogen und es entsteht eine gleichmäßige, fließende Bewegung. Wenn Sie gegen die Fellrichtung arbeiten, ziehen Sie eine sichtbare Spur durch das Fell Ihres Hundes.

3 Wandern Sie mit den Fingern spinnengleich über das Fell, die Daumen bleiben immer zu Seite gerichtet. Gehen Sie in diese Weise über Rücken und Kopf bis zur Nasenspitze Ihres Hundes.

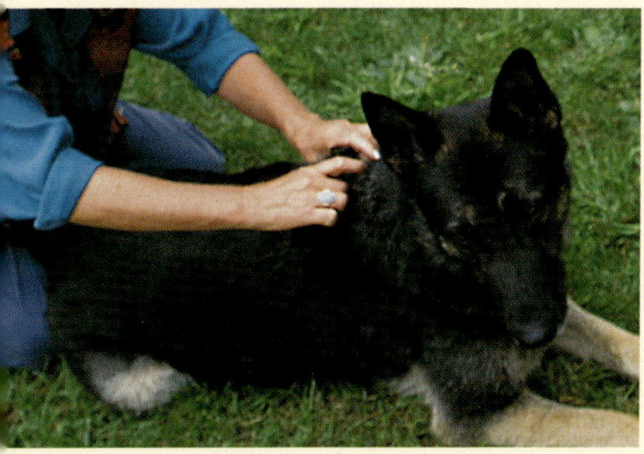

FALLBEISPIEL

Simba, Collierüde, 8 Jahre, teilweise gelähmt
Simba litt nach einem schweren Unfall unter einer teilweisen Lähmung der Hinterläufe. Da die Nervenbahnen nicht durchtrennt waren, bestand die Hoffnung, daß die Lähmung nur vorübergehend sein könnte. Der Besitzer hatte vom TTouch durch den Tierarzt erfahren und probierte alle möglichen TTouches an Simba aus, in der Hoffnung, nichts falsch machen und nur etwas verbessern zu können. Nach mehrmaliger Behandlung merkte er, daß Simba auf den Tarantel TTouch besonders gut ansprach und ihn sichtlich genoß. Fast wie ein Wunder erschien es, daß Simba nach einiger Zeit wieder laufen konnte.

Das Haargleiten

Das Haargleiten ist ein guter Weg, um eine Verbindung zu Ihrem Hund aufzubauen. Es wirkt entspannend auf Sie und den Hund. Das Haargleiten ist eine angenehme und gute Erfahrung und somit hilfreich für Hunde, die auf das Bürsten und Trimmen vorbereitet werden oder Angst vor der Fellpflege haben.

▸ *Kopf*
Die meisten Hunde lieben langsames, leichtes Haargleiten am Kopf. Sie können damit einen nervösen oder ängstlichen Hund beruhigen und eine besondere Beziehung aufbauen. Es ist außerdem hilfreich für Hunde, die unter Angstzuständen oder Kopfschmerzen leiden. Auch Hunde, die ständig bellen oder winseln, können mit diesem TTouch beruhigt werden. Stabilisieren Sie den Kopf Ihres Hundes durch das Unterlegen einer Hand.

▸ *Schultern*
Hunde, die an der Leine ziehen, hyperaktiv, nervös oder verspannt sind, sind normalerweise auch in den Schultern verspannt. Um die Schultern zu lockern, bietet sich das Haargleiten in dieser Partie an. Ein großflächiges Gleiten der Finger durch das Fell sorgt für eine gleichmäßige und tiefe Entspannung. Unterstützen Sie den Hundekörper mit Ihrer anderen Hand.

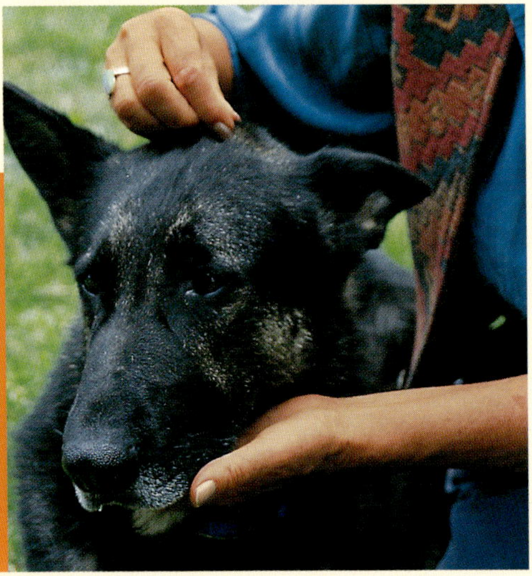

WAS MACHE ICH, WENN...

... mein Hund zu kurze Haare hat, um an den Haaren entlangzugleiten?
Probieren Sie bei Ihrem Hund, die Haut mit Ihrem Daumen und Zeigefinger etwas zu heben. Während Sie sie ganz langsam wieder loslassen, können Sie an den Haaren entlangfahren. Die Fingerspitzen von Daumen und Zeigefinger gleiten dabei sanft über das Fell.

SO GEHT'S

Ziehen Sie einen kleinen Haarbüschel langsam und sanft zwischen Daumen und Zeigefinger hindurch, oder benutzen Sie die Fingerzwischenräume der flachen Hand, um an vielen Haaren von der Basis bis zur Spitze entlanggleiten zu können. Dabei fahren Sie mit der Hand in das Fell, nehmen die Haare zwischen Ihre Finger und gleiten langsam in einem Winkel von ca. 90 Grad zu den Haarwurzeln an den Haaren entlang. Setzen Sie so dicht wie möglich an der Haarwurzel an und folgen Sie der Fellrichtung. Wenn Sie das Haargleiten langsam und weich ausführen, dann bauen Sie eine ruhige, tiefe Verbindung zu Ihrem Hund auf. Sie werden feststellen, daß das Haargleiten nicht nur beruhigend und wohltuend für Ihren Hund ist, sondern auch für Sie.

▸ *Rücken*
Für Hunde, die anfangs Probleme haben, die TTouches zu akzeptieren, kann das Haargleiten eine angenehme Einführung in die Körperarbeit sein. Am Rücken sorgt das Haargleiten auf sanfte, liebevolle Art für mehr Bewußtsein und mehr Flexibilität. Am Rücken können Sie sowohl großflächig mit der ganzen Hand als auch kleinräumiger mit den Fingern arbeiten.

FALLBEISPIEL

Maxi, Bobtailrüde, ca. 3 Jahre, verwahrlost
Maxi wurde verwahrlost aufgefunden und ins Tierheim gebracht. Sein rassetypisches, langes Fell war völlig verfilzt. Da eine Schur wegen der großen Angst des Hundes nicht in Frage kam, versuchte der neue Besitzer, die verfilzten Stellen vorsichtig per Hand zu entwirren.
Mit Hilfe des Haargleitens konnte er das Vertrauen des Hundes gewinnen und ihn auf das spätere Bürsten und eine teilweise Schur vorbereiten. Vor und während des Bürstens wurde Maxi getoucht, anschließend machte der Besitzer das Haargleiten. Jede einzelne Pflegemaßnahme wurde zeitlich kurz gehalten, damit der Streß für Maxi gering blieb und es überhaupt möglich wurde, ihn zu entfilzen.

Das Lecken der Kuhzunge

Das Lecken der Kuhzunge ist ein langgezogener, über den Körper gestrichener TTouch. Er wirkt entspannend, regt die Durchblutung an und verbessert das Bewußtsein für den Körper. Weil Sie sanft quer oder gegen die Fellrichtung streichen, empfinden Hunde diesen TTouch als angenehm. Wandern Sie in verschiedenen Strichführungen über den Körper des Hundes, zum Beispiel vom Bauch zum Rücken oder quer über die Schulter, und beeinflussen Sie sein Wohlbefinden positiv.

▸ Das Lecken der Kuhzunge vermittelt dem Hund mehr Bewußtsein und bringt eine Verbindung durch den ganzen Körper. Außerdem verbessert es das Wohlbefinden des Hundes und fördert die Durchblutung der Rückenmuskulatur. Linda beginnt am Ende des Rückens und streicht mit ihrer gespreizten Hand entgegen der Fellrichtung durch die Haare. Der Mischlingsrüde Gimli genießt diesen TTouch sehr: er hält den Kopf gesenkt und seine Rute entspannt.

▸ So streicht Linda langsam weiter über den Rücken hinauf bis zu Gimlis Schulter. Sie hält ihr Handgelenk gerade und die Finger entspannt, um locker und geschmeidig durch das Fell fahren zu können.

▸ Linda endet mit dem Lecken der Kuhzunge vorne am Kopf, und zwar auf der Stirn zwischen den Augen. Die nächsten Striche beginnen jeweils rechts und links versetzt neben der Wirbelsäule und werden ebenso über den Körper geführt.

SO SIEHT ES AUS

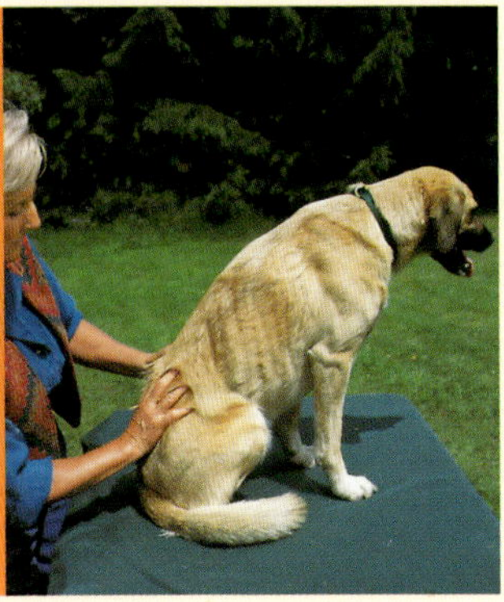

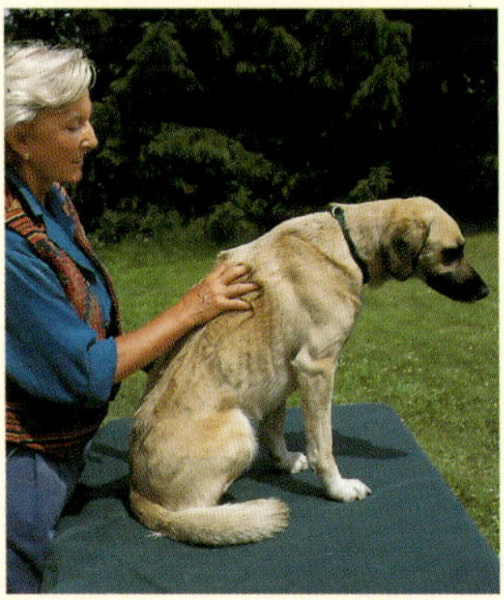

FALLBEISPIEL

Paul, Husky-Mischling, 5 Jahre, Rückenschwierigkeiten
Paul war während des Agility-Trainings oft unmotiviert. Durch einen unflexiblen Rücken konnte er einige Hindernisse nicht so schnell bewältigen wie die anderen Hunde. Jede Abwechslung in den Hindernissen dagegen motivierte ihn. Durch Körperarbeit mit dem Lecken der Kuhzunge wurde Paul beweglicher im Rücken und dadurch im Training und bei den Prüfungen leistungsbereiter. Als seine Besitzerin realisierte, daß Pauls Schwierigkeiten in seinem Körper lagen, änderte sie ihre Einstellung und reduzierte ihren sportlichen Ehrgeiz.

WAS MACHE ICH, WENN...

... mein Hund nicht liegenbleiben will?
Sie können diesen TTouch auch im Sitzen oder Stehen ausführen, bis Ihr Hund den TTouch genießen lernt und sich von selbst hinlegt. Achten Sie allerdings darauf, daß Ihre Hände weich sind und Sie ruhig und gleichmäßig atmen.

SO GEHT'S

1 Beginnen Sie unten am Bauch und fahren Sie mit Ihren gespreizten und leicht gekrümmten Fingern langsam durch das Fell.

2 Ziehen Sie die Hand weiter hinauf und behalten Sie die Handhaltung bei. Halten Sie die Finger locker, und machen Sie eine möglichst fließende Bewegung.

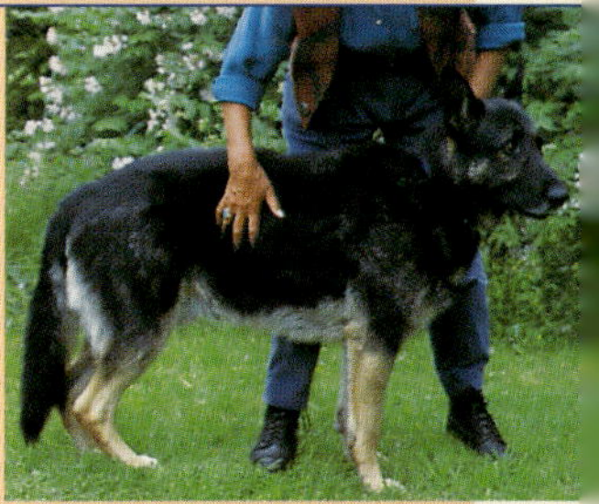

3 Beginnen Sie die nächsten Striche jeweils eine Handbreit weiter hinten. An der Hinterhand können Sie einen anderen Verlauf über den Oberschenkel und das Becken machen.

4 Die Zeichnung zeigt den Strichverlauf. Die Abstände der Strichführungen hängen von der Größe des Hundes ab. Arbeiten Sie so, daß Sie den ganzen Körper abstreichen.

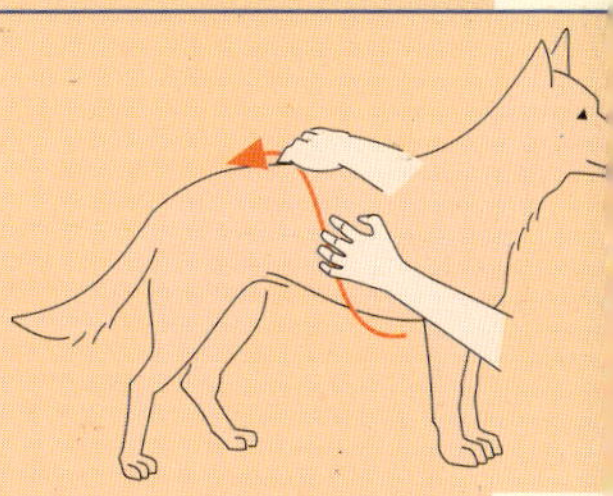

Noahs Marsch

Noahs Marsch ist der TTouch, mit dem Sie die Körperbehandlung beginnen und abschließen. Durch das langgezogene, beruhigende Streichen in der Fellrichtung können Sie sich auch mit einem neuen Hund bekanntmachen. Eine Körperbehandlung wird mit Noahs Marsch beendet, weil Sie durch das Streichen über den ganzen Körper alle Bereiche miteinander verbinden. Durch kreisende TTouches wird in bestimmten Körperbereichen mehr Bewußtheit geweckt. Noahs Marsch sorgt dafür, daß Sie alle Bereiche wieder miteinander verbinden und Bewußtheit im ganzen Körper erzeugen.

SO GEHT'S

Halten Sie Ihre Hand flach und weich, so daß Sie den Konturen des Körpers folgen können. Streichen Sie mit lockeren Fingern gefühlvoll über den Körper. Bevor Sie mit einem fremden Hund beginnen, machen Sie einige ruhige, langsame und kürzere Noahs Marsch TTouches, um einen Kontakt herzustellen. Falls Sie mit einem neuen Hund arbeiten, nähern Sie sich ihm in Richtung Schulter und nicht direkt von vorn. Sprechen Sie ihn mit weicher, ruhiger Stimme an. Wenn Sie eine TTouch-Behandlung beenden, ziehen Sie möglichst lange, gleichmäßige Striche über den Körper. Achten Sie darauf, daß Sie den ganzen Körper des Hundes abstreichen.

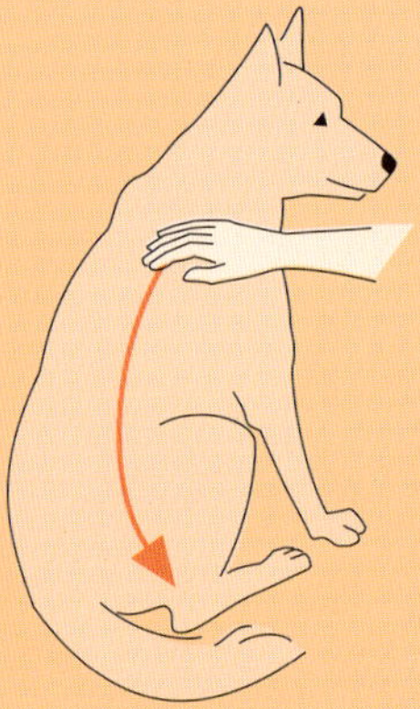

Der Zick Zack TTouch

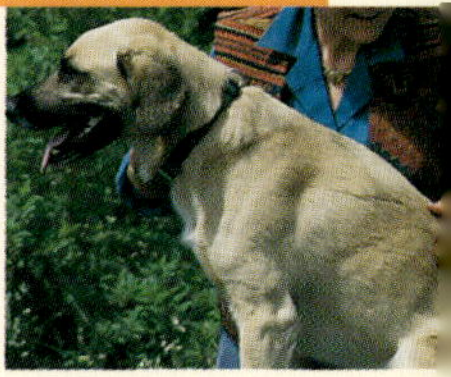

Der Zick Zack TTouch ist eine Abwandlung des Leckens der Kuhzunge. Durch das Wechseln der Richtungen wird sowohl mit als auch gegen die Fellrichtung durch die Haare gestrichen. Der ganze Rumpf des Hundes wird dadurch aktiviert. Bei nervösen oder hyperaktiven Hunden ist der Zick Zack TTouch eine gute Möglichkeit, ihre Aufmerksamkeit zu gewinnen.

SO GEHT'S

Der Zick Zack TTouch heißt so, wie er aussieht: Die gespreizte Hand zeichnet mehrere Zacken in kurzen Strichen auf den Körper. Dabei fährt Ihre Hand mal mit und mal gegen die Fellrichtung durch die Haare. Halten Sie Ihr Handgelenk gerade und Ihre Finger locker. Machen Sie die Striche schnell, wenn Sie mit einem unruhigen Hund arbeiten. Werden Sie nach und nach etwas langsamer. Gehen Sie so auch vor, wenn Sie einen zu ruhigen Hund aktivieren wollen.

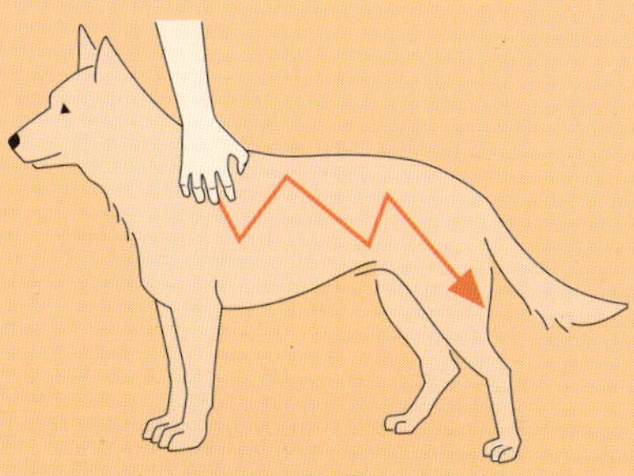

▸ Beginnen Sie den Zick Zack TTouch an der Schulter, und fahren Sie nach oben zur Wirbelsäule. Kreuzen Sie mit Ihrer Hand über den Körper, bis Sie am Oberschenkel angekommen sind.

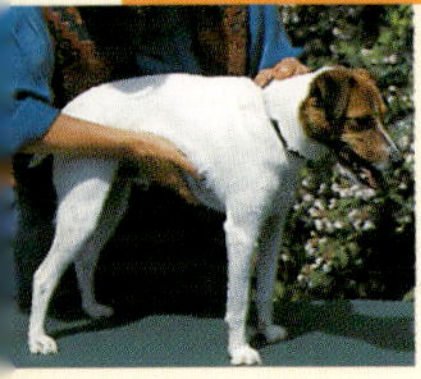

Das Bauchheben

Beim Bauchheben entspannen Hunde ihre Bauchmuskeln, vertiefen ihre Atmung, und Krämpfe lösen sich. Das Bauchheben ist besonders wirksam bei Verdauungsproblemen und nervösen Hunden, auch tragende Hündinnen genießen diesen TTouch sehr. Das Bauchheben ist ebenso hilfreich für Hunde, die einen steifen Rücken, Rückenschmerzen oder Probleme beim Aufstehen haben.

▸ *Mit der Hand*
Legen Sie Ihre linke Hand unter den Bauch, die rechte auf den Rücken des Hundes. Üben Sie mit Ihrer Hand soviel sanften Druck in Richtung Wirbelsäule aus, wie Ihr Hund es angenehm findet. Halten Sie so etwa sechs Sekunden lang aus. Reduzieren Sie anschließend den Kontakt nach und nach in etwa zehn Sekunden.

▸ *Mit dem Handtuch*
Hier liegt Gimli entspannt auf der Seite, während Linda das Bauchheben mit dem Handtuch ausführt. Die Besitzerin Jo macht Maul Touches, was zusätzlich beruhigend wirkt. Ziehen Sie das Handtuch so unter dem Rumpf des Hundes hindurch, daß die Mitte des Tuches unter dem Bauch liegt.

SO SIEHT ES AUS

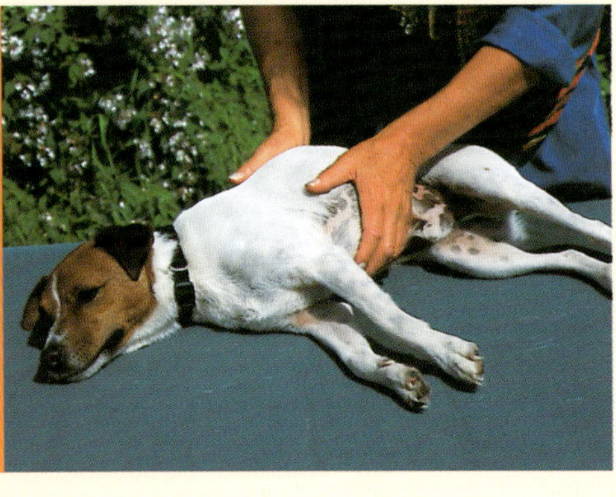

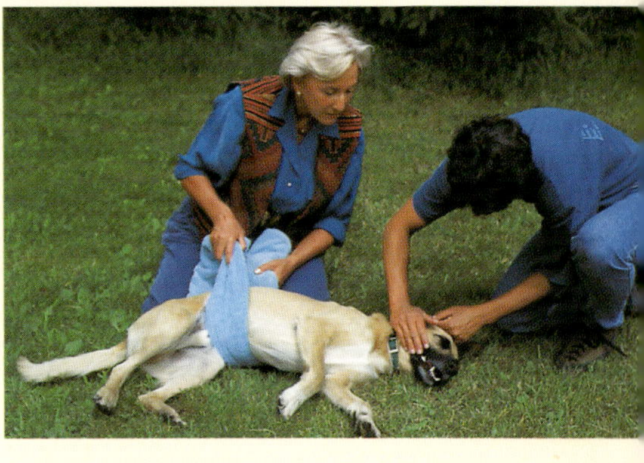

SO GEHT'S

Das Bauchheben können Sie auf verschiedene Weise machen: entweder mit den Händen oder mit einem Handtuch. Sie sehen unten auf den Fotos, wie es geht. Gemeinsam ist beiden Methoden, daß es darauf ankommt, langsam einzuwirken.
Ziehen Sie das Handtuch zum Beispiel in sechs Sekunden nach oben, und behalten Sie den Kontakt dann etwa sechs Sekunden lang bei. Lassen Sie das Handtuch anschließend ganz langsam in zehn Sekunden wieder herunter. Das Loslassen ist das Wichtigste beim Bauchheben und bringt den größten Effekt. Beginnen Sie am Bauch direkt hinter dem Ellenbogen, und wandern Sie je eine Handbreit weiter nach hinten, bis Sie bei der Hinterhand angekommen sind.
Achten Sie auf rückenschonende Haltungen, wie sie unten von Linda und Mary-Ellen demonstriert werden: Linda steht seitlich zum Hund und stützt ihren Ellenbogen in der Hüfte ab, Mary-Ellen ist dem Hund in Schrittstellung und mit leicht gebeugten Knien zugewandt. Sie können das Bauchheben auch alleine mit einem Handtuch machen. Achten Sie darauf, daß Ihre Bewegung aus Becken, Knien und Füßen kommt, damit Ihr Rücken geschont wird.

▸ *Mit Handtuch zu zweit*
Bei größeren Hunden kann man das Bauchheben gut im Stehen machen. Mary-Ellen hält das Handtuch, während Linda es mit sanftem Zug etwas nach oben zieht, so weit, wie Billy G es als angenehm empfindet. Linda und Mary-Ellen beginnen am Brustkorb und gehen von hier aus je eine Handtuchbreite weiter nach hinten.

FALLBEISPIEL

Shawnee,
belgische Schäferhündin, ca. 5 Jahre, schwache Hüften
Shawnee, die Hündin von Robyn, hat schwache Hüften und zu gerade Hinterbeine, wodurch sie Schwierigkeiten beim Aufstehen hat. Röntgenbilder ihrer Kniegelenke zeigen Kalkablagerungen. Um die Schmerzen so gering wie möglich zu halten, schont Shawnee ihre Hinterhand und verspannt sich dadurch im Rücken. Damit die Muskeln entlastet werden und sich entspannen, macht Robyn regelmäßig das Heben mit Handtuch an den Hinterläufen. Dazu zieht sie ein Handtuch unter einem der Beine hindurch und entlastet die Hüfte wie beim Bauchheben. Sie behandelt beide Seiten und kann damit Schmerzen reduzieren und Muskeln lockern. Natürlich ist der TTouch kein Ersatz für eine tierärztliche Behandlung, aber Sie können damit Ihrem Hund helfen und seine Beschwerden reduzieren.

Der Maul TTouch

Berührungen am und im Maul aktivieren das limbische System im Gehirn, das die Emotionen kontrolliert und Lernprozesse steuert. Maul TTouches sind also in allen Fällen hilfreich, vor allem aber bei Angst, Streß, Nervosität, Hyperaktivität oder unkontrolliertem Bellen und Winseln. Und so erstaunlich es klingen mag: Viele Hunde, die schnappen, beißen oder sich aggressiv gegenüber anderen Hunden verhalten, reagieren besonders positiv auf die Maul TTouches und verändern ihr Verhalten. Die Maularbeit fördert auch die Gesundheit des Zahnfleisches und bereitet den Hund auf das Zähneputzen und auf die Untersuchung durch den Tierarzt oder Richter bei einer Hundeausstellung vor.

▸ *An den Lefzen*
Hier zeigt Robyn eine andere Möglichkeit des Maul-TTouches. Sie hält ihre Handfläche unter die Schnauze und beginnt mit den Fingerspitzen außen an der Lefze mit leichten, kreisenden Bewegungen.

▸ *Am Zahnfleisch*
Um an das Zahnfleisch zu gelangen, schiebt Robyn ihren Daumen unter die Lefze und beginnt mit dem Daumen mit kreisenden Bewegungen auf dem Zahnfleisch. Sie kann so das Zahnfleisch des Oberkiefers und des Unterkiefers gleich gut erreichen.

SO SIEHT ES AUS

WAS MACHE ICH, WENN...

... mein Welpe sich nicht am Maul berühren läßt?
Ich kann seinen Kopf nicht stillhalten, und er will die ganze Zeit an mir herumkauen, wenn ich versuche, sein Maul zu berühren.
Welpen haben sehr scharfe Zähne, deshalb ist es von Vorteil, Lederhandschuhe zu tragen. Halten Sie sich auf Höhe der Schulter des Welpen, haken Sie Ihren Daumen in das Halsband ein.
Umschließen Sie mit Ihrer Hand das Maul, indem Sie mit den Fingern den Unterkiefer stützen und den Daumen über die Schnauze legen. Mit Ihrer anderen umschließen Sie nun die Schnauze in ähnlicher Weise. Touchen Sie mit dem Daumen die Außenseiten der Lefzen und das Zahnfleisch. Der Welpe kann seinen Kopf in dieser Haltung nur wenig bewegen - halten Sie die Übung deshalb kurz und wiederholen Sie sie öfter. Sie benötigen Konsequenz und Durchsetzungsvermögen.

... mein Hund aggressiv ist?
Wenn Sie mit einem solchen Hund arbeiten, sollten Sie die Maularbeit nur machen, wenn Sie sicher sein können, daß der Hund Sie nicht beißt. Beobachten Sie seine Körpersignale sehr genau. Bei Hunden, die aggressiv gegenüber Menschen sind, empfehlen wir, sich an einen erfahrenen Practitioner zu wenden und es keinesfalls selbst zu probieren.

SO GEHT'S

1 Hier sehen Sie das Maul des entspannt liegenden Hundes Billy G. Zuerst beginnt Linda mit Liegenden Leopard TTouches am Maulwinkel. Mit ihrer anderen Hand unterstützt sie den Hundekopf.

2 Linda wandert mit ihrer Hand weiter in Richtung Nase und macht leichte Liegende Leopard TTouches, um Billy G an die sanften Berührungen außen an seiner Schnauze zu gewöhnen.

3 Schließlich gleitet sie unter die Lippe, streicht auf dem Zahnfleisch entlang und macht sanfte Liegenden Leopard TTouches. Sie schiebt dabei die Lefze mit dem Daumen vorsichtig nach oben.

Um einen Hund an Berührungen am Maul zu gewöhnen, eignen sich sanfte Liegende Leopard TTouches.

KAISA, PUDEL
ANFÄLLE

Dieser Fall handelt von meiner sechs Jahre alten Kleinpudelhündin Kaisa. Sie wurde vor drei Jahren von einem Pferd getreten. Seitdem hatte Kaisa zwei- bis dreimal im Monat krampfartige Anfälle.
Während der Anfälle wurden ihr Rücken und ihr Hals völlig steif und ihre Beine standen in merkwürdigen Winkeln vom Körper ab. Kaisa's Kopf rollte langsam von einer Seite zur anderen. Koordination oder Balance waren ihr nicht möglich, obwohl sie bei vollem Bewußtsein war. Sie konnte mich ansehen, ihr Maul lecken und schlucken.
Die Krämpfe hielten zwanzig bis dreißig Minuten an, und es dauerte dann normalerweise noch eine Stunde, bis sie sich wieder völlig normal benahm.
Vor drei Wochen war ich bei Kaisa, als sie einen Anfall erlitt. Ich begann sofort mit TTouches an ihren Ohren, am Maul, am Rücken herunter und auf ihrem Becken. Innerhalb von fünf Minuten war der Anfall vorüber. Ich hielt sie noch einige Minuten bei mir, bis sie wieder mit ihrem Spielzeug um das Haus rannte.
Am nächsten Morgen wurde ich von einer feuchten Nase geweckt. Es war Kaisa. Sie hatte erneut einen Anfall, der aber nur sehr schwach war. Nur ihr Kopf zitterte, und ich begann mit den TTouches an ihren Ohren und ihrem Maul. Innerhalb von drei Minuten waren die Anfallsymptome vorüber.
Niemals hatte Kaisa in den letzten drei Jahren einen solch kurzen oder milden Anfall gehabt, und kein Medikament hatte solche Resultate erzielt. Seitdem mache ich die TTouches jeden Tag, und es gibt keine Anzeichen von Anfällen mehr. Kaisa´s Hüften und Rücken scheinen stabiler zu sein als in den letzten drei Jahren.
Wenn die nächste Woche um ist, wird es Kaisas erster anfallsfreier Monat sein. *(von Laura Mancini)*

GAYLA, UNGARISCHER HIRTENHUND
KREBS

Gayla litt seit sechs Monaten unter einem wuchernden Brustdrüsenkrebs. Eine Woche nach einem ihrer Klinikaufenthalte wollte ich Gayla, die im Regen unter einem Baum schlief, ins Haus holen. Es war für sie unmöglich, die Treppen hinaufzusteigen, also gingen wir hinter das Haus, wo ich sie unter dem Vordach in einen Korb legte. Auch am nächsten Tag regnete es, und Gayla verließ nur zum Essen und Lösen ihren Platz. Am nächsten Morgen konnte sie sich kaum noch bewegen und war völlig uninteressiert an ihrer Umgebung. Erst nach meiner Aufforderung erhob sie sich, sichtlich unter Schmerzen leidend.
Ich begann mit TTouches an ihren Ohren, rund um die Ohrbasis, am Kopf und an den Beinen. Nach etwa 15 Minuten wurde sie munterer, ihre Schmerzen schienen zu schwinden, und sie konnte aufstehen und herumgehen. Zwei Tage später war sie fast wieder die alte. Sie stand am Zaun und bellte fremde Spaziergänger an.
Eine Woche später weckte mich Gayla in der Nacht. Ihre Schmerzen waren zurückgekehrt, und sie wimmerte, sobald sie ihre Lage veränderte oder aufstand. Ich setzte mich neben sie und begann ihre Ohren und ihren Kopf zu touchen. Ich weinte, und Gayla schmiegte ihren Kopf an meine Schulter. Ihre Atmung wurde ruhiger, und ich sagte ihr, daß es für sie Zeit wäre, zu gehen. Als ich fortfuhr, ihre Ohren auszustreichen, legte sie ihren Kopf ganz ab und entspannte sich in einer Weise, die ich vorher nie bei ihr gesehen hatte. Ich spürte, das sie mir sagen wollte, ja, es wäre an der Zeit. An dieser Stelle ist wichtig zu erwähnen, daß Gayla immer eine sehr unabhängige Hündin gewesen war, die kaum nach Körperkontakt verlangte. Am folgenden Morgen ließen wir sie von ihren Leiden erlösen. Durch die TTouches konnte ich eine nie gekannte Verbindung zu meinem Hund aufbauen. Sie halfen mir dabei, die schwierige Entscheidung zu treffen, Gayla einschläfern zu lassen. *(von Jodi Frediani)*

Sanftes Kreisen über das Zahnfleisch fördert die Gesundheit.

Der Ohren TTouch

Die Ohrenarbeit ist der effektivste TTouch, um hyperaktive Hunde zu beruhigen. Oft kommen Hunde, die die Ohren TTouches kennengelernt haben, von selbst, um sie sich von ihren Besitzern »abzuholen«. Das Wissen, daß man über die Ohren auf Körper und Organe einwirken kann, ist uralt und wird z.B. bei der Akupunktur erfolgreich angewandt. Bei einem Schock kann es passieren, daß der Kreislauf zusammenbricht. Das Ausstreichen der Ohren sofort nach dem Unfall oder vor und nach einer Operation stabilisiert den Kreislauf.

▸ Stabilisieren Sie mit einer Hand den Kopf des Hundes. Umfassen Sie das gegenüberliegende Ohr mit dem Daumen und den Fingern der anderen Hand, so daß der Daumen oben liegt. Wenn Sie das andere Ohr ausstreichen wollen, wechseln Sie Ihre Hände. Fahren Sie sanft mit dem Daumen von der Mitte des Kopfes über den Ohrenansatz bis zur Ohrspitze. Gleiten Sie bei jedem Ausstreichen über eine andere Stelle des Ohres, so daß Sie jeden Quadratzentimeter des Ohres abdecken. Streichen Sie die Ohren zur Seite aus.

▸ Hat Ihr Hund weiche Schlappohren, dann unterstützen Sie mit den Fingern das Ohr. Sie sollen das Ohr nicht ziehen, sondern sanft über das Fell streichen. Stellen Sie sich vor, Sie würden das Ohr wie ein Rosenblütenblatt ausstreichen. Wenn Sie einem Hund mit Schmerzen oder Schock helfen wollen, gleiten Sie schnell und eventuell etwas kräftiger über das Ohr. Wenn Sie Ihren Hund entspannen wollen, machen Sie das Ausstreichen langsam und sanft.

SO SIEHT ES AUS

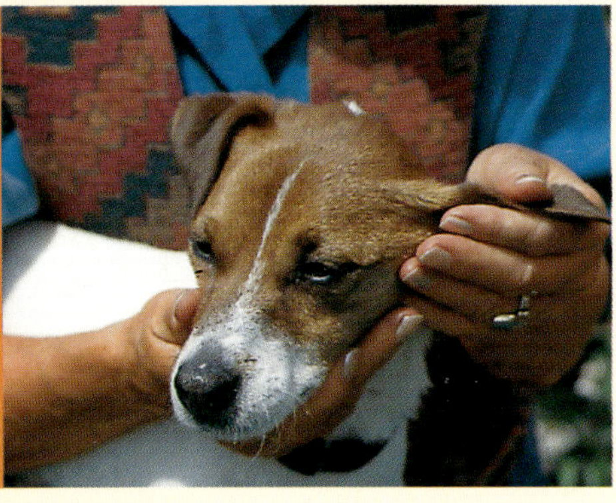

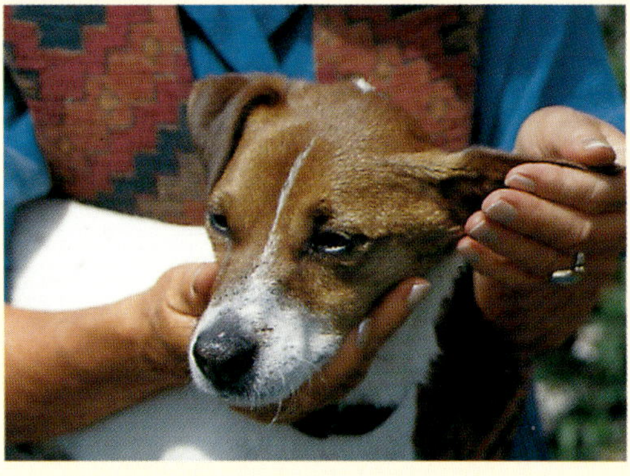

WAS MACHE ICH, WENN…

… mein Hund Stehohren hat?

Wenn Sie einen Hund mit steifen Stehohren besitzen, streichen Sie die Ohren in der Richtung aus, in der sie gewachsen sind, d.h. nach oben. Hat Ihr Hund weiche Stehohren, dann können Sie sie auch zur Seite ausstreichen.

FALLBEISPIEL

Purzel, West Highland White Terrier, 10 Jahre, Übelkeit beim Autofahren

Der Terrier Purzel hat regelmäßig Probleme beim Autofahren. Er wird unruhig, sobald er merkt, daß er ins Auto steigen soll. Wenn er dann im Auto ist und die Fahrt beginnt, erbricht er sich sogar. Durch das Ausstreichen der Ohren vor und während der Fahrt kann seine Besitzerin ihn beruhigen und Übelkeit beseitigen.

SO GEHT'S

1 Auch längere Ohren werden waagerecht und bis zur Ohrspitze ausgestrichen. Hier liegt Gimli entspannt, Linda umfaßt die Schnauze und streicht mit der rechtenHand das Ohr aus.

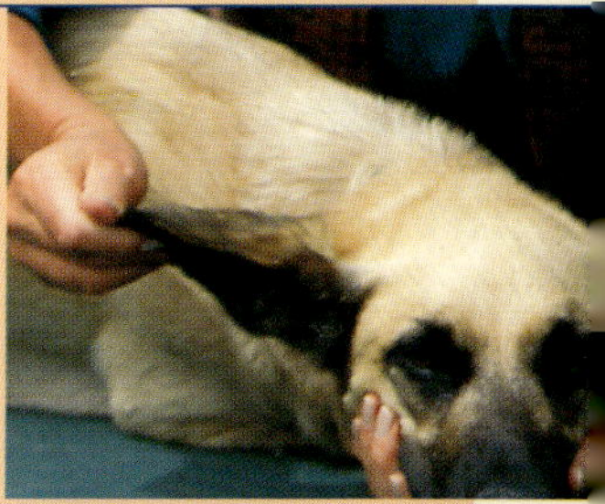

2 Um die ganze Ohrfläche zu bearbeiten, können Sie auch kleinflächig mit den Daumen kreisende Bewegungen machen. Halten Sie das Ohr waagerecht, beginnen Sie an der Ohrbasis.

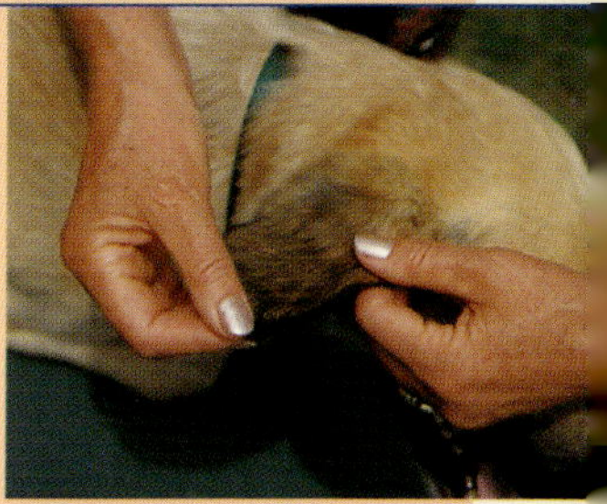

3 Wenn Sie die ganze Ohrfläche mit kleinen, leichten TTouches bearbeitet haben, enden Sie am unteren Rand des Ohrs.

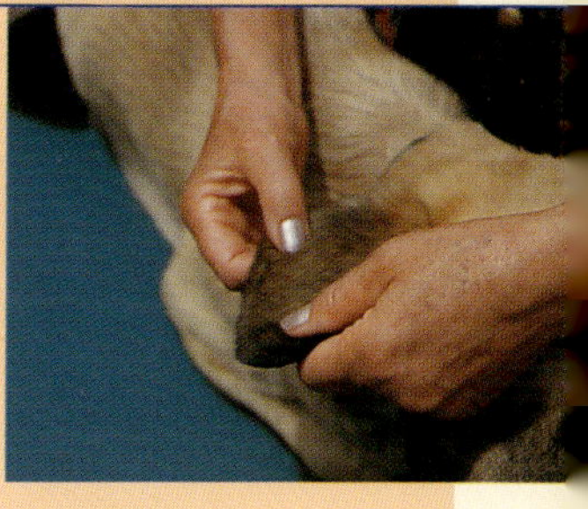

GOLDEN RETRIEVER
ANGST VOR GEWITTER

Beim Ohren TTouch streicht die Hand von der Ohrbasis bis zur Ohrspitze.

Im letzten Sommer konnte ich einer Golden Retriever Hündin helfen, ihre Angst vor Gewittern zu überwinden. Ich sah die Hündin und ihren Besitzer, unseren Nachbarn, im Gras sitzen und bemerkte, daß die Hündin total angespannt war, ihre Muskeln verkrampft waren und sie am ganzen Körper zitterte. Ich konnte in der Entfernung den Donner hören, und die Hündin wurde mit jedem näherkommenden Grollen verspannter.

Wir forderten die Hündin auf sich hinzulegen und machten an jedem ihrer Ohren TTouches. Nach einiger Zeit begann sie normal zu atmen, entspannte sich zwischen den Donnern und wurde schließlich auch während des Grollens ruhiger.

Nach dreißig Minuten zog das Gewitter vorbei und kam nicht mehr näher. Die Hündin war inzwischen sehr entspannt und schlief beinahe, als wir mit der Ohrenarbeit aufhörten.

Nach dem nächsten Gewitter fragte ich meinen Nachbarn, wie es ihnen ergangen war. Ich war sehr froh und auch ein wenig erstaunt zu hören, daß die Hündin den Sturm kaum bemerkt hatte. Sie lag die ganze Zeit ruhig da und war trotz des Donners ganz entspannt.

Noch jetzt, ein Jahr später, bleibt die Hündin bei Gewitter und sogar bei Feuerwerk ruhig. Und das alles durch eine 30-minütige Ohrenmassage! Ich kann allen Lesern, die bei Gewittern ähnliche Probleme mit ihren Hunden haben, nur empfehlen, den Ohren TTouch anzuwenden.

(von Judy Hodge)

RICKI, AUSTRALISCHE SCHÄFERHÜNDIN
GEBURTSPROBLEME

Rickis erste Geburt war nicht gut verlaufen. Schon zwölf Stunden bevor der erste Welpe zur Welt kam, litt sie unter den Anstrengungen der Wehen. Die Geburt selber dauerte dann auch noch länger als 24 Stunden. Sie war so erschöpft, daß sie im Sitzen einschlief und durch die fehlende Balance immer wieder aufwachte. Nach 36 Stunden stockender und unregelmäßiger Atmung war sie völlig erschöpft.
Diesmal wollte ich Ricki beim Werfen mit den Ohren TTouches helfen, sich zu entspannen. Wie ich gehört hatte, konnte man mit der Ohrenarbeit auch den Geburtsvorgang unterstützen. Es schien tatsächlich zu wirken.
Ricki kam dann in eine Phase, in der sie unkontrolliert zitterte. Ich nahm sie auf meinen Schoß, strich über ihren gesamten Körper, und das Zittern hörte auf. Um die Geburt zusätzlich zu erleichtern, machte ich das Bauchheben mit einem Handtuch und Python TTouches an Rickis Beinen. Die TTouches halfen ihr sehr dabei, sich zu entspannen und nicht wie sonst in Angst und Panik zu geraten. Sie schien auch besser in der Lage zu sein, ihre Energie auf den Geburtsvorgang zu konzentrieren, und am Ende war es eine leichte Geburt.
Ihre Reaktion auf meine Bemühungen war ebenfalls ganz anders als bei den anderen Geburten, bei denen ich mich ebenfalls um sie gekümmert hatte. Was ich diesmal getan hatte, war viel hilfreicher für sie gewesen, und ihre Dankbarkeit war spürbar. Ricki bekam elf Welpen, die sie alle mit einer besonderen Fürsorge aufzog. Ich nutze die TTouches jetzt bei allen meinen Hündinnen, um sie vor und während der Geburt zu unterstützen. *(von Linden Spear)*

Ohren TTouches wirken stabilisierend auf den Kreislauf.

Das Beinkreisen der Vorderläufe

Durch das Beinkreisen der Vorderläufe bekommt Ihr Hund ein neues Gefühl für seine Gliedmaße, und seine Bewegungsmöglichkeiten steigern sich. Die Schulterpartie wird gelockert und die Trittsicherheit erhöht, besonders bei Hunden, die verspannt sind. Das Beinkreisen ist auch sehr hilfreich für nervöse Tiere und für Hunde, die extrem auf laute Geräusche und Gewitter reagieren oder Angst vor rutschigen Untergründen haben.

▸ Ihr Hund sollte entspannt auf der Seite liegen. Umfassen Sie mit der rechten Hand das angewinkelte Ellenbogengelenk des Hundes. Mit der linken Hand halten Sie die Pfote und winkeln das Vorderfußgelenk.

▸ Bewegen Sie nun mit Hilfe Ihrer rechten Hand das Bein aus der Schulter heraus nach vorne und strecken Sie gleichzeitig das Vorderfußgelenk etwas, so daß Sie das Bein fast gerade in den Händen halten.

SO SIEHT ES AUS

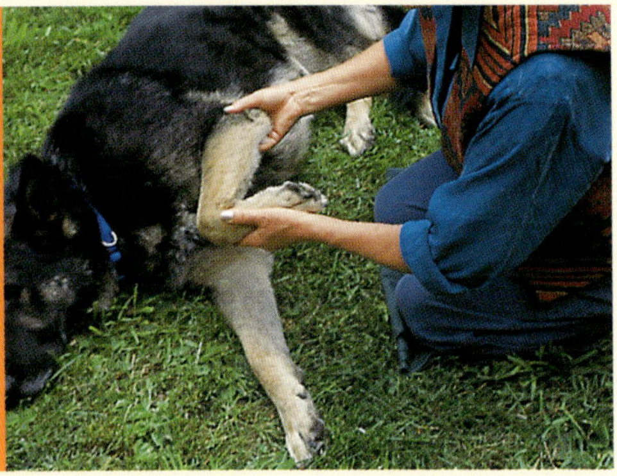

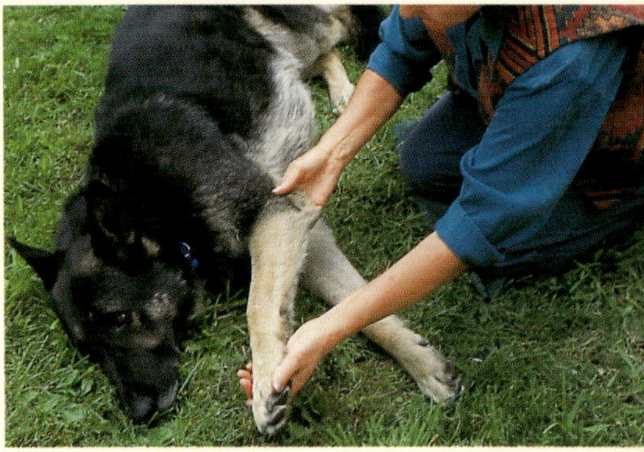

SO GEHT'S

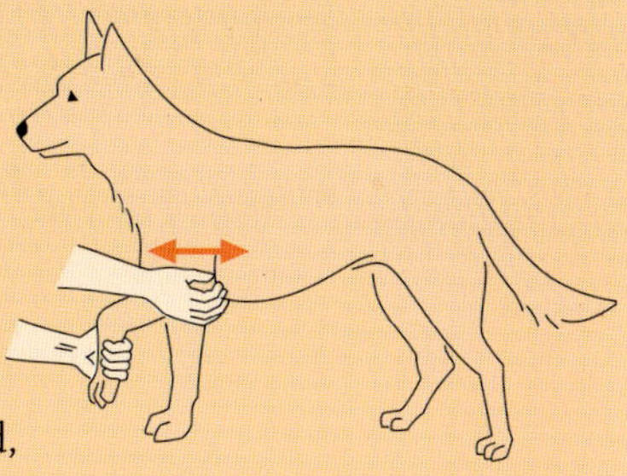

Das Beinkreisen können Sie am stehenden, sitzenden oder liegenden Hund machen.
Beim Beinkreisen kommt es darauf an, daß die Bewegung nicht erzwungen wird, sondern durch das Lockerlassen des Tieres möglich wird. Es soll seine Gliedmaße im wahrsten Sinne ganz in Ihre Hände geben und seine Muskeln vollkommen entspannen. Erzeugen Sie eine Bewegung, die rund und geschmeidig aus der Schulter heraus entsteht. Sie dürfen keines der Gelenke strapazieren oder gar überdehnen. Es kann sein, daß Ihr Hund zwischendurch das Bein wegziehen will. Ziehen Sie dann keinesfalls dagegen, sondern lassen Sie locker und versuchen Sie es erneut. Oft hilft es, wenn Sie das Bein etwas in die Richtung drücken, in die der Hund auszuweichen versucht. Probieren Sie das Beinkreisen von dort aus erneut. Sie werden möglicherweise merken, daß Sie eines der Beine leichter oder weiter bewegen können als das andere. Diese Unterschiede können durch Verspannungen entstehen, die Sie durch regelmäßiges Beinkreisen beseitigen können.

▸ Bringen Sie das Bein nun in einer fließenden Bewegung wieder in die Ausgangsposition zurück. Die Bewegung soll aus der Schulter heraus entstehen.

WAS MACHE ICH, WENN...

... mein Hund sein Bein nicht locker läßt?
Für Ihren Hund ist es ungewohnt, seine Beine in andere Hände zu geben. Lassen Sie ihm Zeit, sich auf das Gefühl einzustellen, und versuchen Sie es ohne jeden Zwang oder Druck. Wenn Ihr Hund wegzieht, dann gehen Sie mit der Bewegung mit, lassen das Bein aber nicht los. Wenn Sie merken, daß Ihr Hund wieder locker läßt, probieren Sie das Beinkreisen erneut. Oft ist es hilfreich, wenn Sie erst ein paar kreisende TTouches entlang des Beines machen, bevor Sie wieder mit dem Beinkreisen beginnen. Manchmal kann es auch sein, daß Ihr Hund an der Pfote sehr kitzlig ist und sie deshalb wegzieht. Halten Sie dann das Bein am Gelenk fest statt an der Pfote.

Das Beinkreisen der Hinterläufe

Durch das Beinkreisen zeigen Sie dem Hund seine Bewegungsfreiheit und vermitteln ihm neue Möglichkeiten, seinen Körper zu benutzen. Arbeits- und Sporthunde erhalten mehr Bewußtheit und lernen ihren Körper effizient einzusetzen. Es entspannt außerdem die Muskeln bis in den Rücken hinein, was sich sehr vorteilhaft auf Hunde auswirkt, die Angst vor lauten Geräuschen haben oder nervös sind.

▸ Hier umfaßt Linda mit einer Hand den Unterschenkel und unterstützt mit der anderen Hand das Bein über dem Sprunggelenk. Kreisen Sie das angewinkelte Bein in kleinen Kreisen über dem Boden in beiden Richtungen. Achten Sie besonders bei Verletzungen oder steifen Beinen darauf, daß Sie die Gelenke keinesfalls verdrehen. Die meiste Bewegung passiert im Hüftgelenk. Wir empfehlen, das Beinkreisen nicht mit einem Hund mit Hüftgelenksdysplasie zu machen.

▸ Hier unterstützt Linda Bandit mit einer Hand an der Brust und bewegt mit der anderen das Bein. Kreisen Sie das Bein in einem Durchmesser, der für den Hund leicht auszubalancieren ist, und so, daß Sie keinen Widerstand spüren. Es soll eine gleichmäßige, fließende Bewegung entstehen.

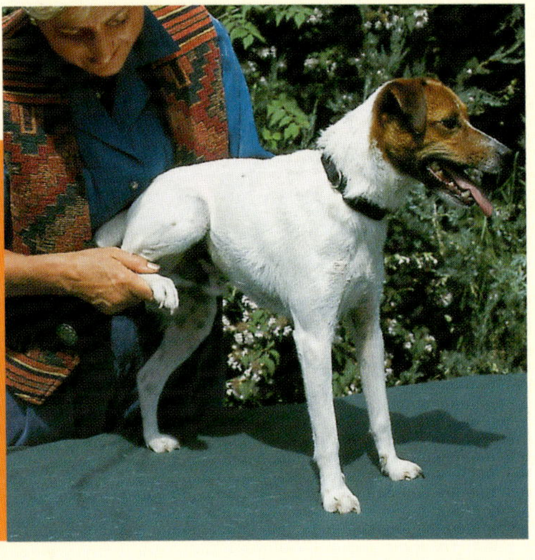

WAS MACHE ICH, WENN...

... mein Hund nicht auf drei Beinen stehen kann?

Unterstützen Sie Ihren Hund am Brustkorb, so daß er sich selbst besser ausbalancieren kann. Dann beginnen Sie, sein Bein erstmal nur kurz aufzuheben und wieder herunterzulassen. Wenn Ihr Hund sich sicherer fühlt, können Sie mit kleinen, kurzen Kreisen beginnen.

... mein Hund ein Bein schont?

Beinkreisen fördert die Balance und Stabilität, z.B. besonders nach einem Unfall. Es hilft Hunden, die teilweise gelähmt sind oder sich nach einer Operation angewöhnt haben, ein Bein zu schonen. Oftmals ist der Heilungsprozeß schon abgeschlossen, aber die Erinnerung an die Schmerzen ist in den Zellen verankert.

SO GEHT'S

1 Ihr Hund sollte entspannt auf der Seite liegen, Sie stehen oder sitzen hinter ihm. Umfassen Sie mit der linken Hand das Knie Ihres Hundes. Mit der rechten Hand halten Sie das Bein über der Pfote fest.

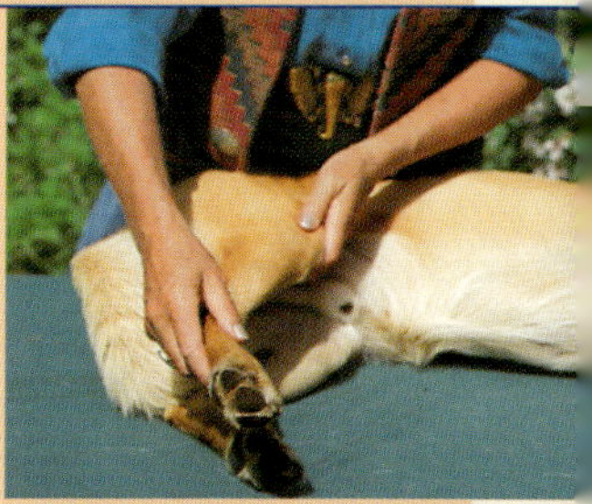

2 Bewegen Sie nun das Bein vorsichtig aus der Hüfte heraus nach hinten. Sie merken an der Reaktion Ihres Hundes, wie es ihm noch angenehm ist. Strecken Sie dabei das Kniegelenk, so daß das Bein beinahe gerade ist.

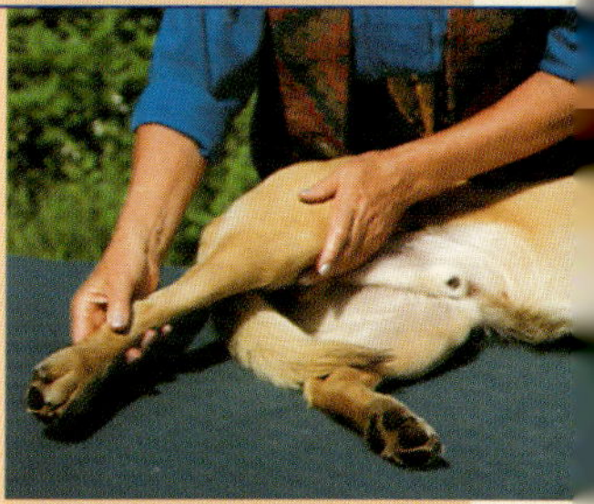

3 Bringen Sie das Bein schließlich nach vorn, um es danach wieder in die Ausgangsposition zurückzubringen. Wiederholen Sie diese Bewegungen, so daß Sie einer fließenden Laufbewegung nahekommen.

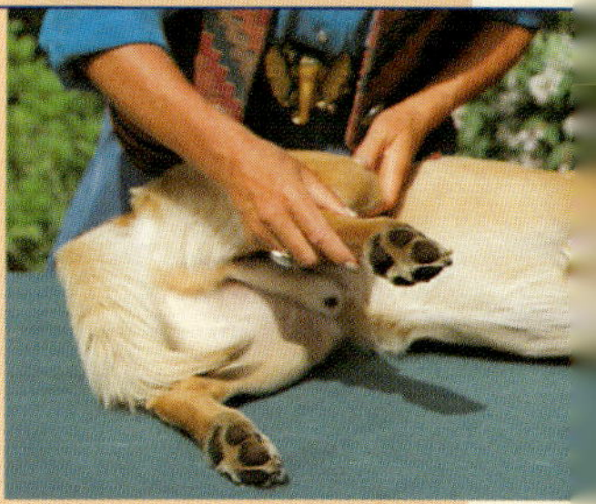

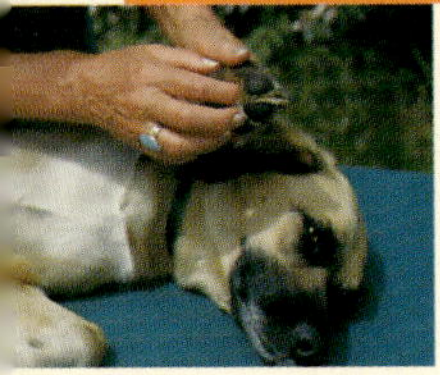

TTouches an den Pfoten

Wirkungsvoll sind die TTouches an der Pfote vor allem für Hunde, die sich nicht an den Pfoten anfassen lassen, unter wundgelaufenen Ballen leiden oder Angst vor dem Krallenschneiden haben. Sie sind außerdem hilfreich für Hunde, die auf ungewöhnliche Untergründe, wie z.B. rutschige Böden, panisch reagieren.

▸ Beginnen Sie oben auf der Pfote mit Waschbär TTouches. Nehmen Sie die Pfote in Ihre Hand, mit der anderen machen Sie möglichst viele TTouches dicht nebeneinander, bis Sie bei den Krallen angekommen sind.

▸ Unter der Sohle beginnen Sie mit leichten Waschbär TTouches auf den Ballen. Gehen Sie dann mit ihren Fingern vorsichtig in die Ballenzwischenräume und machen Sie dort kleine, kreisende TTouches.

SO SIEHT ES AUS

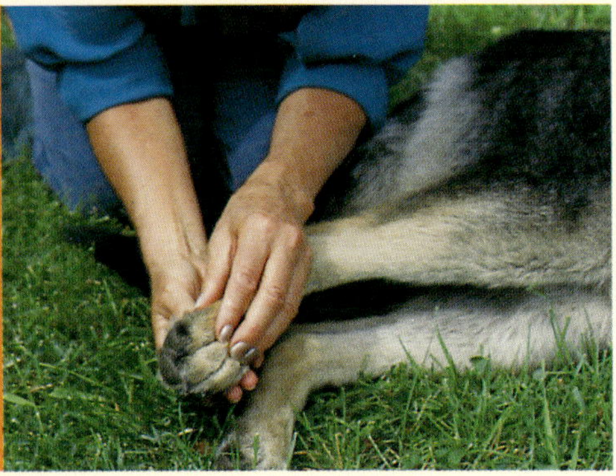

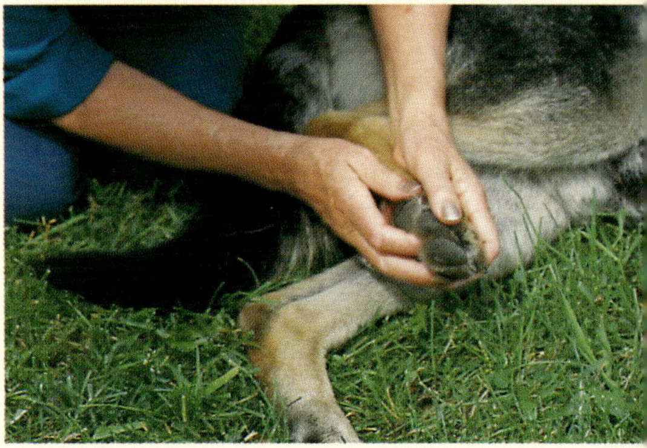

▸ Schließlich machen Sie die TTouches rund um die Krallen herum. Wenn Ihr Hund bei dieser Behandlung entspannt bleibt, ist er auf das Krallenschneiden gut vorbereitet. Sollte Ihr Hund allerdings Angst vor der Krallenzange haben, machen Sie mit der Schere kreisende TTouches am Körper.

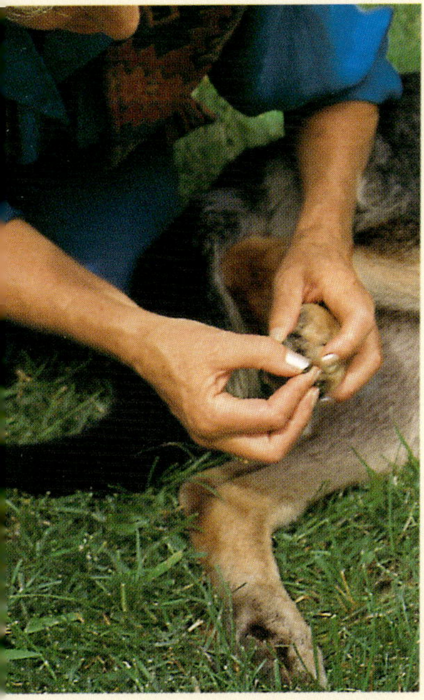

SO GEHT'S

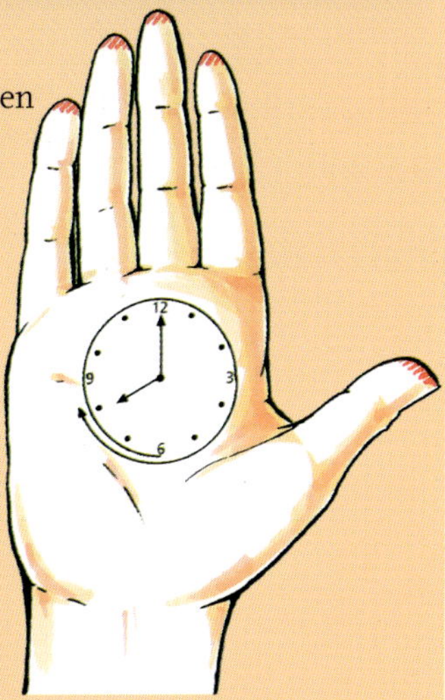

Ihr Hund kann liegen, sitzen oder stehen. Machen Sie vorher zur Entspannung TTouches, die Ihr Hund am meisten genießt. Beginnen Sie oben an den Beinen, und wandern Sie mit Wolken Leopard TTouches hinunter bis zu den Pfoten. Dort machen Sie sanfte Waschbär TTouches und lassen möglichst keine Stelle der Pfote aus. In der Zeichnung sehen Sie, daß Sie beim Waschbär TTouch nur die Fingerspitzen einsetzen. Wenn Ihr Hund zwischen den Ballen kitzelig reagiert, arbeiten Sie an diesen Stellen mit etwas mehr Druck. Falls Ihr Hund lange Haare zwischen den Ballen hat, dann könnte die Empfindlichkeit daher stammen. Wir empfehlen dann, diese zu kürzen.

WAS MACHE ICH, WENN…

… mein Hund knurrt, wenn ich in die Nähe der Pfoten komme?

Verwenden Sie ein Stück Schaffell, und machen Sie damit die verbundenen kreisenden TTouches am Bein entlang. Sie können Ihrem Hund zwischendurch ein paar Leckerli geben. Als nächsten Schritt touchen Sie sein Bein mit seiner eigenen Pfote (siehe Seite 58).

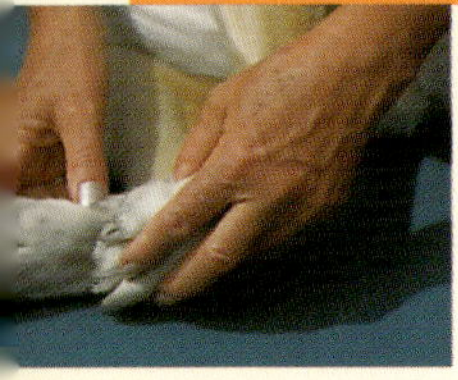

TTouches mit der Pfote

Die Idee, den Hund mit seiner eigenen Pfote zu touchen, ist auf den ersten Blick ungewöhnlich, zumal der Bereich ja nicht sehr groß ist, den man mit der Pfote erreichen kann. Der Sinn dieser Übung liegt darin, die Sensibilität an den Pfoten zu verringern, damit Sie leichter an den Pfoten arbeiten können. Probieren Sie es aus, und lassen Sie sich von der Wirkung überraschen.

SO GEHT'S

1 Am selben Bein: Linda beugt das Bein, so daß sie mit der unter der Pfote liegenden Hand kreisende Bewegungen am Unterarm erzeugen kann. Schauen Sie sich das Gesicht von Bandit an: Er ist sich nicht sicher, was hier passiert, dreht den Kopf in die Richtung und fängt an nachzudenken.

2 Am anderen Bein: Auch Billy G scheint nicht so recht zu wissen, was mit ihm passiert. Er leckt mit der Zunge über seine Lefze, was ein Signal für seine Unsicherheit ist. Linda macht hier die TTouches am anderen Bein und wandert mit den TTouches mit der Pfote am Bein hinunter.

Das Krallenschneiden

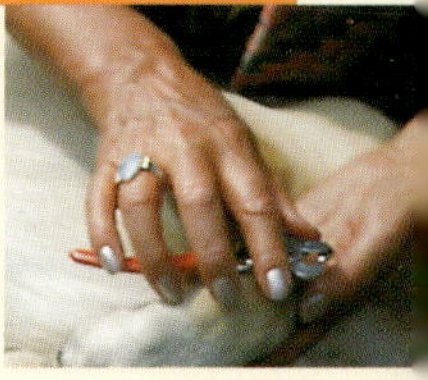

Es ist wichtig, die Krallen regelmäßig zu kürzen, wenn sie sich nicht von selbst abnutzen. Bei zu langen Krallen verändert sich die Körperhaltung des Hundes: Das Gewicht wird von der ganzen Pfote auf den hinteren Teil der Ballen verlagert, wodurch Verspannungen auftreten können.

SO GEHT'S

Die Krallen sollten so kurz geschnitten werden, daß Sie beim Laufen keine Geräusche der Krallen auf dem Boden hören können. Seien Sie aber vorsichtig, daß Sie die Krallen nicht zu kurz schneiden. Bei einem schwierigen Hund brauchen Sie für das Krallenschneiden einen Helfer. Schneiden Sie nur einige Krallen, und gewähren Sie Ihrem Hund zwischendurch eine Pause. Oftmals ist es einfacher für den Hund, wenn Sie die Krallen im Stehen schneiden, die Pfote nach hinten gebeugt.

▸ Durch intensive Körperarbeit hat Linda Gimlis Vertrauen gewonnen. Um Gimli an die Krallenzange zu gewöhnen, macht sie damit kreisende TTouches am Bein.

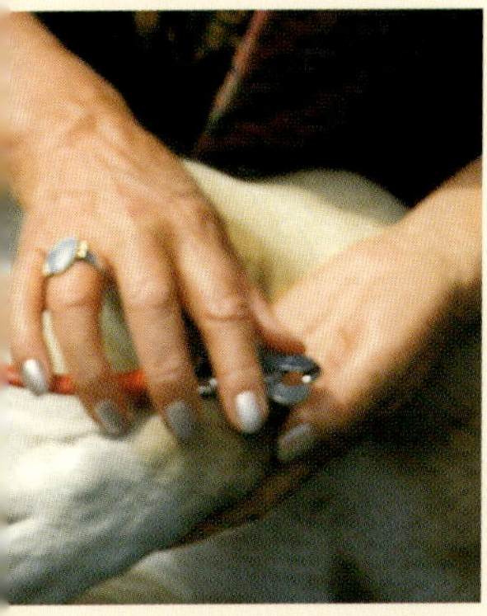

▸ Durch die Vorbereitung mit Waschbär TTouches an den Pfoten und Krallen hat Gimli kaum noch einen Blick dafür, daß Linda eine seiner Krallen zwischen ihre Finger nimmt.

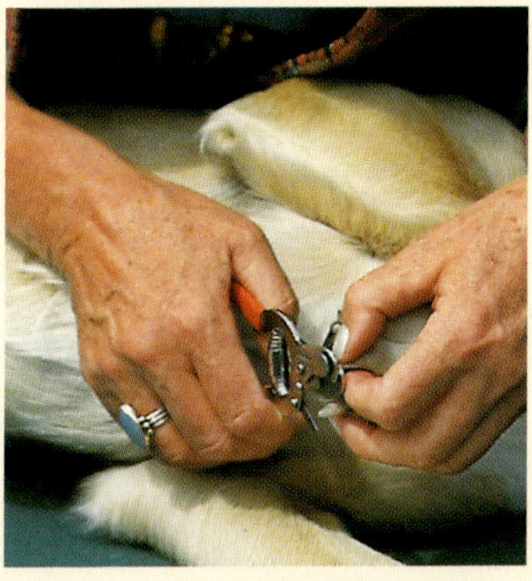

▸ Ohne Probleme kann Linda alle Krallen schneiden. Es ist für alle Beteiligten von großem Vorteil, wenn diese regelmäßig nötige Körperpflege ohne Angst und Panik durchgeführt werden kann.

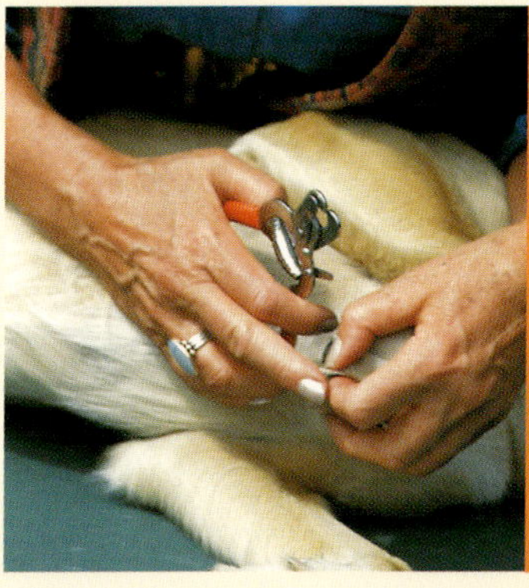

SO SIEHT ES AUS

Die Ruten TTouches

Durch Ruten TTouches können Sie Ihren Hund von Angst (einschließlich der vor lauten Geräuschen), Unterwürfigkeit, Unsicherheit und Aggressionen befreien. Sie tragen außerdem sehr zur Erleichterung und Rehabilitation nach Verletzungen bei und helfen Hunden, die z.B. Schwierigkeiten beim Aufstehen haben. Kleine, sanfte Kreise und ganz sanftes Ziehen an der Rute können große Verbesserungen bei Hüftgelenksdysplasie bringen.

▸ Hier beginnt Robyn bei der liegendenden Shawnee mit dem Ruten TTouch. Mit der linken Hand stabilisiert sie den Körper, mit der rechten greift sie um die Rute. Sie zieht vorsichtig und sanft an der Rute, um mehr Bewußtheit in den ganzen Körper zu bringen.

▸ Linda zeigt das Kreisen der Rute bei Gimli. Linda hält mit ihrer rechten Hand die Rute ein paar Zentimeter von der Basis entfernt und kreist sie in beiden Richtungen. Mit der anderen Hand stabilisiert sie Gimli am linken Sprunggelenk.

SO SIEHT ES AUS

SO GEHT'S

Die Haltung der Rute hat viele verschiedene Bedeutungen. Wenn ein Hund mit entspannter Rute wedelt, spricht das natürlich für gute Laune und Freude. Wedelt er allerdings ständig und extrem, deutet das auf Nervosität, Hyperaktivität oder Unsicherheit hin. Eine eingeklemmte Rute verkörpert Angst und Unterwürfigkeit, eine steife, still und höher gehaltene Rute deutet auf Aggressionen oder Dominanzverhalten hin. Aber wie auch immer die Rute getragen wird, wenn Sie die Haltung der Rute verändern, können Sie das Verhalten Ihres Hundes beeinflussen.
Kreisende Ruten TTouches wirken auf die Nervenbahnen - wie zum Beispiel der Waschbär TTouch oder der Wolken Leopard TTouch. Ein weiterer wichtiger Ruten TTouch ist das Kreisen der Rute. Dazu halten Sie die Rute mit einer Hand von unten nah an der Basis, die zweite Hand hält die Rute von oben direkt hinter der ersten, wenn Ihr Hund ruhig liegenbleibt. Falls Ihr Hund steht oder unruhig ist, unterstützen Sie mit einer Hand den Körper, die zweite Hand umfaßt die Rute von oben an der Rutenbasis. Machen Sie mit der Rute kleine Kreise in beiden Richtungen um die Basis herum. Sanftes Ziehen der Rute ist eine weitere TTouch Möglichkeit. Beim sanften Ziehen können Sie die Rute mit einer Hand an der Basis umfassen. Ziehen Sie vorsichtig und sanft, pausieren Sie, und geben Sie langsam wieder nach.

▸ Linda macht hier Waschbär TTouches an der kupierten Rute von Bandit, anschließend folgt ein leichtes Ziehen. Sie stabilisiert Bandit mit einer Hand unter dem Rumpf, um an seiner Rute arbeiten zu können.

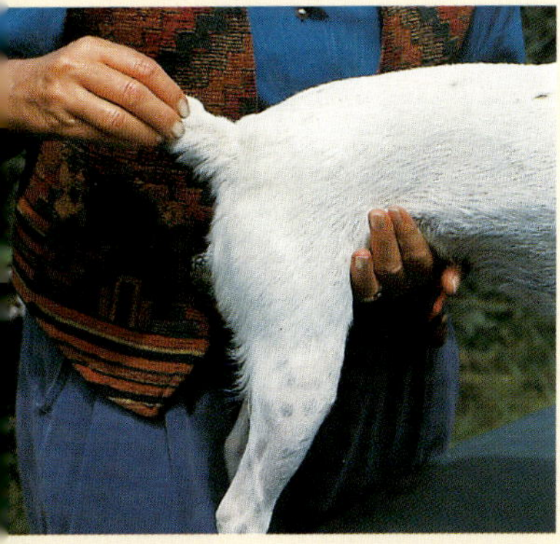

WAS MACHE ICH, WENN...

... ich die kupierte Rute meines Hundes kaum bewegen kann?
Speziell Tieren mit kupierten Ruten kann mit den TTouches geholfen werden. Manche dieser Hunde halten ihre Ruten sehr fest, da sie in ihren Zellen immer noch die Angst und den Schmerz der Operation gespeichert haben. In diesem Fall empfehlen wir, jeden Quadratzentimeter der Rute mit kleinen Waschbär TTouches zu behandeln, besonders die Amputationsnarbe sollten Sie berücksichtigen, um mögliche Phantomschmerzen zu beseitigen. Bewegen Sie die Rute von oben nach unten und zur Seite, bis Sie sie kreisen können und der Hund sich entspannt. Wenn Sie die Verspannungen lösen können, wird sich das Selbstbewußtsein und die Bewegungsfreiheit des Hundes verbessern.

Führtraining

WARUM MACHEN WIR FÜHRTRAINING?

Die von Linda Tellington-Jones empfohlenen Führmethoden haben viele Vorteile, die sich als sehr hilfreich bei Hunden erweisen, die an der Leine ziehen oder aggressiv oder ängstlich sind. Hunde lernen willig mitzuarbeiten und auch gehorsam zu sein, wenn sie nicht angeleint sind.
Wenn die Leine ständig unter Zug gehalten wird, lernt der Hund, noch mehr zu ziehen, denn durch Zug entsteht Gegenzug. Diese Gewohnheit kann auf Dauer Kehlkopf- und Rückenbeschwerden verursachen, außerdem wird die Hinterhand des Hundes durch das Ziehen unnötig belastet, was Schäden an der Hüfte oder an den Knien verursachen kann. Bei kleinen Hunden wird über dieses Problem oft nicht nachgedacht, weil sie mit weniger Kraft ziehen und es für uns weniger unangenehm ist als bei einem großen Hund. Kleine Hunde können durch das Ziehen aber genauso körperlichen Schaden nehmen wie große Hunde. Mit dem Tellington-Training haben wir verschiedene Möglichkeiten, Verhaltensmuster zu durchbrechen.
Die Balanceleine, die bei vielen Hunden große Wirkung zeigt, ist ein einfaches und schnelles Hilfsmittel, um den Hund vom Ziehen abzuhalten. Die Leine wird um die Brust des Hundes gelegt. Dadurch kann man, wenn der Hund zieht, seinen Schwerpunkt weiter nach hinten verlagern und ihn in seine Balance zurückbringen.
Es gibt außerdem weitere Hilfsmittel, wie das Halti in Kombination mit einem einfachen Halsband, eine Körperbandage, den Double Diamant und anderes mehr, die auf den folgenden Seiten ausführlich erklärt werden.
Ungewöhnlich für das Hundetraining ist die Gerte. Linda Tellington-Jones hat sie aus der Pferdearbeit übernommen, denn sie ist in vielen Situationen nützlich. Wie im vorherigen Kapitel erwähnt, kann man Hunde mit der Gerte touchen, die sich nicht mit den Händen berühren lassen. Aber auch das Führen wird einfacher, denn man hat einen verlängerten Arm, der die Richtung und gegebenenfalls die Grenzen anzeigt.

Die Gerte dient als Verlängerung des Arms.

Beidhändiges Führen ermöglicht eine feine Signalgebung.

DIE AUSRÜSTUNG

Wir stellen Ihnen hier die Ausrüstungsgegenstände vor, die im folgenden Kapitel demonstriert werden.

- Halsband: Ist die Grundausstattung jedes Hundes und wird z.B. in Kombination mit Halti und Körperband verwendet. Das Halsband sollte flach sein und sich nicht zuziehen können.
- Hundegeschirr: Ein Brustgeschirr für Hunde.
- Halti: Das Halti ist ein spezielles Halfter für Hunde.
- Snoot loop: Ist dem Halti sehr ähnlich, aber für Hunde geeignet, die eine kürzere Schnauze haben.
- Leine mit zwei Karabinern: Die Leine soll etwa 2 m lang sein und für das Halti-Training am besten je einen kleinen, leichten Karabiner an jedem Ende haben.
- Körperband: Das Körperband besteht aus elastischen Bandagen (z.B. aus dem Pferdesportbedarf oder eine medizinische Bandage).
- Gerte: Benutzen Sie eine ca. 1,1 m lange, möglichst weiße Gerte aus dem Reitsportbedarf.

Der Doppelte Diamant besteht aus einem glatten Kunststoffseil.

SICHERHEITSTIPS

- Als Faustregel gilt: Halten Sie die Übungseinheiten kurz, damit der Hund Zeit hat, das Gelernte zu verarbeiten, und nicht durch zu viele Impulse überfordert wird.
- Seien Sie besonders vorsichtig, wenn Sie mit fremden, ängstlichen oder aggressiven Hunde arbeiten. Setzen Sie den Hund keinesfalls unter Druck, er könnte darauf mit Knurren, Schnappen oder Beißen reagieren.
- Schauen Sie einem fremden, nervösen oder aggressiven Hund nicht direkt in die Augen. Viele Hunde empfinden das als bedrohlich. Wenn Sie einen Hund zum ersten Mal begrüßen oder das Halti oder Körperband anlegen möchten, ist es am sichersten, wenn Sie sich von der Seite nähern.

Die Balanceleine

Wenn Ihr Hund die schlechte Angewohnheit hat, ständig an der Leine zu ziehen, dann können Sie dies mit Ihrer normalen Hundeleine korrigieren, indem Sie ihm die Hundeleine unten um die Brust legen. Sie verlagern dadurch den Schwerpunkt Ihres Hundes über seine vier Beine, er kommt in seine eigene Balance zurück und beginnt, besser auf Ihre Signale zu reagieren.

Hier zeigt Linda das Führen mit Balanceleine. Sie führt die Leine beidhändig und geht auf Kopfhöhe seitlich neben Tess. Linda bestimmt das Tempo durch Annehmen oder Nachgeben der Leine.

SO SIEHT ES AUS

SO GEHT'S

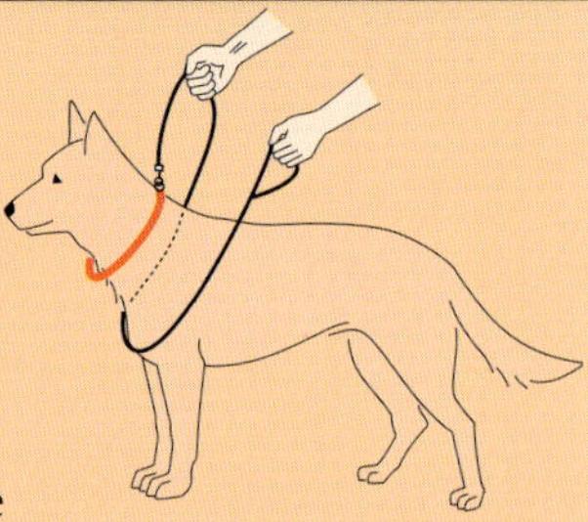

Um eine Leine zur Balanceleine umzufunktionieren, sollte sie mindestens zwei Meter lang sein. Befestigen Sie die Leine wie üblich am Halsband und schlingen Sie sie um die Brust Ihres Hundes. Sehen Sie sich in der Zeichnung an, wie es geht: Sie halten in einer Hand die Leinenschlaufe und in Ihrer anderen das Ende der Leine. Um Ihren Hund zu verlangsamen oder anzuhalten, nehmen Sie die Balanceleine mehrmals an und geben wieder nach, so daß Sie das Gewicht des Hundes auf seinen Schwerpunkt verlagern. Achten Sie darauf, daß das Leinenende, das mit dem Halsband verbunden ist, stets locker bleibt. Bei kleinen Hunden ist es ab und zu ein Problem, die Leine an der Brust zu halten, denn manche Hunde haben die Tendenz, über die Schlaufe zu steigen. In diesem Fall empfehlen wir ein Hundegeschirr oder das Halti. Bei großen Hunderassen tritt dieses Problem normalerweise nicht auf. Achten Sie darauf, daß Sie bequem und aufrecht gehen, wenn Sie Ihren Hund mit der Balanceleine führen.

Abstreichen mit der Gerte

Nervöse Hunde können wir durch das Abstreichen mit der Gerte beruhigen. Durch das Abstreichen der Beine hinunter bis zum Boden bekommt der Hund ein Gefühl von Stabilität und Erdung.

SO GEHT'S

Bei Nervosität und Berührungsempfindlichkeit streichen Sie den ganzen Körper in einem Abstand von einem Meter ab. Am besten ist es, wenn Sie das Abstreichen in das Führtraining integrieren. Beginnen Sie das Abstreichen dort, wo es Ihrem Hund angenehm ist, bis er Vertrauen gefaßt hat. Später können Sie auch Ihre Hände für die TTouches benutzen.
Für Hunde, die alles zerkauen oder sich ungern im Maul anfassen lassen, ist es hilfreich, wenn Sie den Gertenknauf auf seinem Gaumen und der Zunge entlangrollen, so daß er die Gerte nicht zerkauen kann.
Sie können mit der Gerte Welpen spielerisch locken, um sie an das Führen an der Leine zu gewöhnen.

▸ Seit einem Unfall wird Jesse etwas nervös, wenn man sie an ihrer Rute berührt. Durch das Anheben der Rute mit der Gerte verändert Kirsten die Haltung und kann damit auch das Verhalten von Jesse beeinflussen.

▸ Cumae wird an ihrem Hinterbein abgestrichen, um sie zu erden und zu beruhigen, da sie ein junger und hyperaktiver Hund ist.

SO SIEHT ES AUS

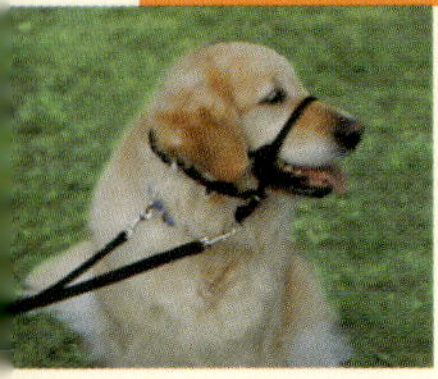

Gewöhnung an das Halti

Wenn Sie Ihren jungen Hund ausbilden oder Ihr Hund an der Leine zieht, hyperaktiv, unkonzentriert, ungehorsam oder aggressiv ist, sollten Sie für das Führtraining ein Halti verwenden. Das Halti ist eine Art Halfter für Hunde, das wir in Kombination mit einem flachen Halsband zur Ausbildung verwenden. Der Vorteil des Haltis ist, daß Sie Ihren Hund im Vergleich zu jedem anderen Halsband mit viel weniger Kraft kontrollieren können. Außerdem können Sie den Kopf des Hundes leicht abwenden und seine Aufmerksamkeit wieder auf sich zurücklenken.

▸ Bereiten Sie Ihren Hund mit TTouches in der Maulregion vor, und umschließen Sie mit den Händen die Schnauze, um ihn an die Berührung zu gewöhnen. Robyn legt ein Gummiband locker um Shawnees Schnauze und spricht dabei in einem beruhigenden Tonfall.

▸ Anschließend überkreuzt Robyn das Gummiband unter dem Maul, führt beide Enden zum Nacken und macht dort einen leicht zu lösenden Knoten. Sobald Shawnee sich an dieses »Ersatzhalti« gewöhnt hat, folgt der nächste Schritt.

▸ Zur weiteren Vorbereitung zeigt Robyn Shwanee das Halti. Sehen Sie sich das Halti genau an, bevor Sie es Ihrem Hund das erste Mal anlegen, damit es keine unnötigen Verwirrungen über das Anpassen gibt.

SO SIEHT ES AUS

WAS MACHE ICH, WENN…

… das Halti nicht paßt?
Das Halti sollte so locker sitzen, daß Sie leicht Ihre zwei Daumen gleichzeitig von hinten zwischen den Kiefer und den 2. unteren Backenring schieben können. Achten Sie darauf, daß der Nasenteil nicht herunterrutscht. Wenn das passiert, wäre wahrscheinlich ein Snoot Loop von Vorteil, das wie ein Halti konstruiert ist, aber durch einen zusätzlichen Riemen über der Stirn am Kopf gehalten wird.

▸ Robyn zieht das Halti über das Gummiband und hakt den Verschluß im Nacken ein. Sie kombiniert Gummiband und Halti, damit Shawnee lernt, das Halti leicht und schnell zu akzeptieren. Ihr Hund soll das Halti eine Weile ohne Leine tragen.

▸ Die Leine sollte ca. 2 m lang sein, leicht sein und zwei kleine Karabinerhaken haben. Die Leinenenden befestigen Sie am flachen Halsband, das sich nicht zuziehen kann, und am unteren Ring des Haltis. Halten Sie die Leine in beiden Händen.

▸ Sie können zur Vorbereitung auch die Leine um die Schnauze legen. Wenn Ihr Hund die Leine abstreifen möchte, üben Sie das Anlegen mehrmals für kurze Zeit. Bei manchen Hunden brauchen Sie Geduld und ruhiges Durchsetzungsvermögen.

Führen mit Halti

Das Führen mit Halti ist anfangs ungewohnt, weil Sie die Leine beidhändig halten. Wenn Sie aber einige Zeit geübt haben, werden Sie merken, wie einfach und bequem es geht und wie viel leichter Sie mit Ihrem Hund zurechtkommen.

▸ In der "Neutralhaltung" halten Sie, wenn Sie auf der rechten Seite Ihres Hundes stehen, mit Ihrer rechten Hand den Leinenteil, der zum Halti führt. In Ihrer linken Hand halten sie den Teil, der am Halsband befestigt ist. Beide Leinen bleiben möglichst locker. Sie sollten dabei auf der Höhe des Hundekopfes stehen.

▸ Um Ihren Hund zum Losgehen aufzufordern, zupfen Sie leicht am vorderen Leinenstück, das am Halsband befestigt ist, und geben anschließend wieder nach. Erwarten Sie nicht, daß Ihr Hund auf den Zug losgeht, sondern auf das Nachgeben. Wichtig sind auch Ihre akustischen Signale: Verbinden Sie das Losgehen z.B. mit einem »Komm!«.

▸ Wollen Sie Ihren Hund nach rechts in Ihre Richtung wenden, führen Sie die Haltileine mit Ihrer Hand nach rechts. Die Wendungen leiten Sie mit einem leichten Signal am Halti ein. Die meisten Hunde reagieren auf diese Impulse richtig, falls Ihr Hund allerdings nicht reagiert, dann geben Sie ein nachfolgendes Signal am Halsband, das in Ihre Richtung weist.

▸ Möchten Sie Ihren Hund von sich weg wenden, dann legen Sie das Haltileinenstück gegen die Schnauze und dirigieren damit den Hundekopf in die gewünschte Richtung.

SO GEHT'S

Um Ihrem Hund beizubringen, auf die leichtesten Signale zu reagieren und ihn in seine Balance zu bringen, ist das Halti-Training sehr hilfreich. Wenn Sie Ihren Hund mit zwei Händen führen, sollten Sie sich bewußt machen, welche Leine Sie zuerst einsetzen. Wenn Sie z.B. losgehen möchten, geben Sie zuerst ein Signal am Halsband. Wenn Sie Ihren Hund abwenden, dann erfolgt das erste Signal am Halti. Wenn Sie Ihren Hund anhalten möchten, geben Sie das erste Signal am Halsband. Viele Menschen haben die Angewohnheit, auch wenn ihr Hund stillsteht, die Leine auf Spannung und in einer Faust zu halten. Falls auch Sie dazu neigen, üben Sie, die Leine stets locker zu halten, wenn Ihr Hund stillsteht. Ihr Hund soll ausbalanciert stehen und sich nicht auf dem »fünften Bein« abstützen, denn durch Zug entsteht immer Gegenzug. Sie können Ihrem Hund das Ziehen an der Leine abgewöhnen, wenn auch Sie Ihre Gewohnheiten ändern.

WAS MACHE ICH, WENN…

… mein Hund versucht, das Halti abzustreifen?
Durch das langsame Eingewöhnen mit dem Gummiband sollte dieses Problem eigentlich nicht auftreten. Es gibt aber Hunde, die übersensibel auf Dinge am Maul reagieren und deshalb das Halti schwer akzeptieren können. In diesem Fall lassen Sie den Hund das Halti tragen, ohne die Leine einzuhaken. Heben Sie den Kopf des Hundes, wenn er versucht, das Halti abzustreifen. Seien Sie ruhig und konsequent, und halten Sie die Übungseinheiten kurz. Unter all den Hunden, mit denen wir gearbeitet haben, waren nur zwei Hunde, bei denen es unmöglich war, das Halti zu verwenden. Diese Hunde waren schwer mißhandelt worden und sahen das Halti als furchtbare Strafe an.

KRISSY, AUSTRALISCHE SCHÄFERHÜNDIN
PROBLEME BEIM FÜHREN

Die Leine wird am Halti und am Halsband eingehakt

Krissy, meine Australische Schäferhündin, die seit ihrer Geburt zu mir gehört, wuchs sehr frei auf unserer Farm auf. Sie war schon drei Jahre alt, als ich mich entschloß, sie leinenführig zu machen. Krissy ist eine sehr schöne Hündin, und deshalb wollte einer meiner Freunde sie auf einer Zuchtprüfung vorstellen. Ich versuchte, sie in der üblichen Weise zu führen, aber das Ergebnis war, daß sie in die Leine sprang und sich anschließend auf den Boden warf. Das Halsband wirkte dabei wie ein Knebel, und sie bekam kaum Luft.

Also entschloß ich mich, sie mit dem Halti zu führen. Mit Futter versuchte ich das Hinwerfen zu verhindern. Gleich der erste Versuch war erstaunlich.

Es war meine allererste Erfahrung mit dem Halti und sehr erfolgreich. Ich führte Krissy mit einer Kombination aus Halti und einem flachen Halsband. Krissy verstand durch das Führen mit dem Halti von Anfang an, was ich von ihr wollte, und ging kurze Zeit später auch problemlos an der einfachen Leine. Das Führen über verschiedene Hindernisse verhinderte, daß Krissy sich das Ziehen an der Leine angewöhnte, das sie anfangs an der normalen Leine gezeigt hatte. *(von Linden Spear)*

NICO, DEUTSCHER SCHÄFERHUND
AGGRESSIONEN

Ich wende die TTouches erst seit kurzer Zeit an, aber mit großem Erfolg. Ich bestellte eines der Bücher von Linda Tellington Jones, um meinem jüngsten Hund bei seinem Aggressionsproblem zu helfen. Ich besitze drei Deutsche Schäferhunde - Max, 8 Jahre, Nico, beinahe 2 Jahre, und Contess, 7 Jahre.

Nico wurde als Welpe zweimal von verschiedenen Hunden gebissen und auch zu Hause zeigte Max ihm stets, daß er der Rudelführer war. Max mochte Nico nicht und biß ihn schließlich sogar einmal ins Gesicht. Nach einer Weile gewöhnten sich die Hunde aneinander, aber durch seine schlechten Erfahrungen wurde Nico mißtrauisch gegenüber fremden Hunden. Nico griff Artgenossen an, sobald er sie sah. Normalerweise benahm er sich bei den Zuchtprüfungen hervorragend, aber seine Aggressionen tauchten ab und zu auch im Vorführring auf. Deshalb entschloß ich mich, die Techniken, die im Buch beschrieben wurden, auszuprobieren.

Ich machte die Wolken Leopard TTouches am Körper und Ohren TTouches, um Nico zu beruhigen und ihn sicherer zu machen. Durch das Führen mit dem Halti konnte ich Nico besser kontrollieren und auch über verschiedene Hindernisse führen.

Es war wirklich wie ein Wunder! Jeder aus Nicos Klasse wollte bei unserem nächsten Wettbewerb wissen, wer denn mein neuer Hund sei - sie konnten nicht glauben, daß dieser ruhige und gelassene Hund Nico war. Seitdem wurde er zweimal Rassenbester und gewann auch andere wichtige Preise.

Nico und meine anderen Hunde lieben es, am Abend mit den TTouches behandelt zu werden. Sie scheinen tatsächlich darauf zu warten und schlafen anschließend ruhig ein.

(von Cynthia D'Aquini)

Robyn und Shawnee zeigen das beidhändige Führen mit Halti.

Das Körperband

Das Körperband intensiviert das Gefühl Ihres Hundes für den eigenen Körper und macht ihn sicherer in seinen Bewegungen und in seinem Verhalten. Besonders Hunde, die Angst vor lauten Geräuschen haben oder beim Autofahren panisch reagieren, profitieren von der Körperbandage. Sie hilft außerdem bei der Rekonvaleszenz verletzter Hunde. Dasselbe gilt auch für ältere, steife oder arthritische Hunde. Probieren Sie aus, welche Körperbandage für Ihren Hund am geeignetsten ist.

▸ Das halbe Körperband verwenden wir hauptsächlich bei Hunden, die nervös reagieren, wenn die Bandage um die Hinterhand gelegt wird, oder die Hüft- oder Knieleiden haben. Nehmen Sie die Mitte der Bandage und legen Sie sie um die Brust. Überkreuzen Sie sie über dem Rücken und unter dem Bauch. Führen Sie die Enden wieder über den Rücken, wo Sie sie mit einer Sicherheitsnadel verbinden.

▸ Dieses Körperband ist eine Fortsetzung des vorherigen. Hier werden die Enden über dem Rücken verbunden, überkreuzt und jeweils von vorne durch die Innenseite der Hinterbeine hindurchgeführt. Bringen Sie die Enden, ohne sie nochmals zu überkreuzen, zurück über den Rücken, und verbinden Sie sie dort mit einer Sicherheitsnadel. Für große Hunde benötigen Sie zwei Bandagen.

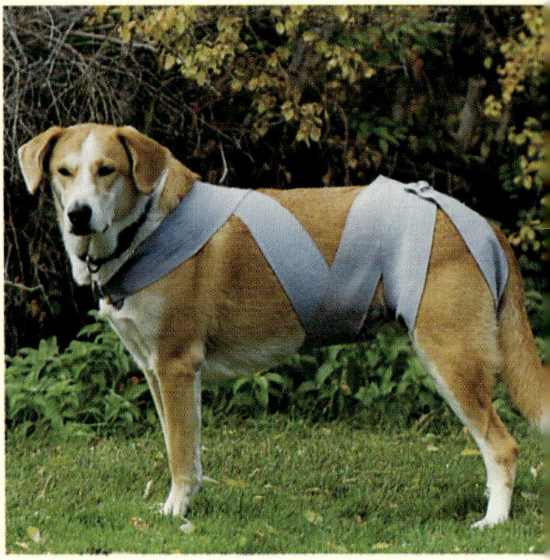

▸ Eine weitere Variante. Legen Sie die Bandage um den Hals, so daß Sie ein langes und ein kurzes Ende erhalten, und machen Sie einen einfachen Knoten, oder verbinden Sie sie mit einer Sicherheitsnadel. Nehmen Sie das lange Ende, und führen Sie es gerade über den Rücken bis zur Rute. Ziehen Sie die Bandage von hinten auf der Innenseite eines Hinterbeines hindurch, und führen Sie sie von dort über den Rücken auf die andere Seite. Legen Sie die Bandage von vorne um die innere Seite des anderen Hinterbeines, und ziehen Sie sie neben der Rute von hinten über den Rücken und unterhalb der Lage hindurch, die über der Nierenregion verläuft. Verbinden Sie die Enden vorne über der Schulter.

SO GEHT'S

Dies ist das Körperband, das wir am häufigsten verwenden. Es ist einfach anzulegen und sehr wirkungsvoll.

Verwenden Sie als Körperband elastische Bandagen, die Sie zum Beispiel in der Apotheke kaufen können. Nehmen Sie die Mitte der Bandage, legen Sie sie um die Brust, und überkreuzen Sie die Enden einmal über dem Rücken. Führen Sie die Enden von dort, ohne sie zu überkreuzen, von innen zwischen den Hinterbeinen hindurch und an der Außenseite der Oberschenkel vorbei. Schlingen Sie die Enden einmal um die seitlichen Bandagenteile, und verbinden Sie sie über dem Rücken. Achten Sie darauf, daß die Bandage so flach wie möglich anliegt. Wenn die Bandage zu locker ist, verfehlt sie ihre Wirkung. Achten Sie aber auch darauf, daß sie nicht zu stramm sitzt und die Bewegung und Durchblutung beeinträchtigt.

WAS MACHE ICH, WENN...

... mein Hund sich mit dem ganzen Körperband nicht bewegen will, verschüchtert wirkt oder sich auf den Boden legt?

Wenn Ihr Hund empfindlich an der Hüfte oder den Knien ist, kann es sein, daß das ganze Körperband zuviel für ihn ist. Legen Sie in diesem Fall nur das halbe Körperband an. Oft hilft das, die Mobilität des Hundes zu verbessern. Wenn Ihr Hund ängstlich ist, bereiten Sie ihn mit TTouches an der Hinterhand und Rute vor und legen anfangs nur das halbe Körperband an.

CODY, AUSTRALISCHER SCHÄFERHUND
FÜHRPROBLEME

Als ich Cody das erste Mal traf, war er ein lebhafter, munterer Welpe, der völlig unkonzentriert und unartig war. Seine Besitzerin Wilma war bekümmert, weil er unter anderem stets an der Leine zog. Sie wollte einfach nicht mehr an Codys Hals reißen müssen, um ihn zu korrigieren. Gerade am Tag vorher hatte sie versucht, seine Krallen zu schneiden, aber das stellte sich als undurchführbar heraus.

Bei Cody mit den TTouches zu beginnen, war schwierig, da er sich ständig hin und her warf und versuchte, auf meiner Hand herumzukauen. Das Körperband stellte für ihn nur ein weiteres Ding dar, das er zerkauen konnte. Er wand sich noch immer wie ein Wurm und war kaum zu bändigen.

Ich legte ihm das Halti an, und wir gingen nach draußen, um im Hof das Führen zu üben. Er reagierte sofort, wurde konzentriert, hörte zu und zog nicht an der Leine. Nach einigen Minuten übernahm ihn Wilma, und auch jetzt verhielt er sich gut. Nach etwa fünfzehn bis zwanzig Minuten saß er ruhig da, während wir seinen Körper touchten und Maularbeit machten.

Hindernistraining mit Körperband macht nervöse Hunde sicherer.

Wir gingen wieder hinein, und Cody legte sich zu Wilma, als wir uns auf den Boden setzten. Er war so entspannt, daß er sich überhaupt nicht bewegte, als wir mit Wolken Leopard TTouches und Waschbär TTouches an seinem ganzen Körper inklusive Ohren, Maul und Pfoten fortfuhren. Wilma stellte fest, daß sie Cody noch nie so lange und intensiv berührt hatte, seitdem sie ihn besaß. Cody schlief ein, und wir saßen noch eine Weile beisammen und redeten. Als ich aufstand, um zu gehen, wachte er auf. Ich nahm Codys normale Leine und konnte ihn ohne Schwierigkeiten nach draußen führen.

Zwei Tage später sprach ich erneut mit Wilma. Sie war glücklich, daß sich Cody seit unserem ersten Treffen sehr viel besser benahm. Er stand sogar ruhig da, als sie nach einem Spaziergang seine nassen Pfoten abtrocknete. Sie sagte mir, daß ich ein Wunder vollbracht hätte. Das schmeichelte mir natürlich sehr, aber in Wirklichkeit ist Codys Veränderung durch die TTeam-Arbeit zustande gekommen.

(von Phyllis Bauerlein)

SPARKY, MISCHLINGSHÜNDIN
FÜHRPROBLEME

Ich wurde von Tracy, der Besitzerin einer zwei Jahre alten Collie-Labrador-Hündin, um Hilfe gebeten. Sparky war als Welpe zur Ausbildung bei verschiedenen Hundetrainern gewesen, aber Tracy hatte immer noch Schwierigkeiten, Sparky vom Ziehen an der Leine abzuhalten. Sparky war zudem sehr überschwenglich und sprang Personen aufgeregt an, um sie zu begrüßen.
Tracy hatte es mit einem Stachelhalsband versucht, aber dadurch steigerten sich die Probleme eher noch. Tracy war zudem sehr unglücklich darüber, ein solches Halsband benutzen zu müssen, denn Sparky war eine von Grund auf freundliche, aber eben unkonzentrierte Hündin. Ich hatte den Eindruck, daß Sparky durch die verschiedenen und gegensätzlichen Ausbildungsmethoden, die man bei ihr angewendet hatte, verwirrt war.
Durch das Anlegen des Körperbandes und des Haltis veränderte sich ihr ganzes Benehmen. Sie hörte sofort auf, an der Leine zu ziehen und war insgesamt ruhiger und aufmerksamer. Tracy lernte die "Annehmen-und-Nachgeben-Technik" mit der Leine schnell. Ich zeigte ihr auch die verschiedenen TTouches wie Wolken Leopard TTouch und Liegender Leopard TTouch, Muschel TTouch, Maul und Ohren TTouch, um Sparky beruhigen zu können und eine noch bessere Verbindung zu ihr herzustellen. *(von Phyllis Bauerlein)*

Das Körperband kann auf verschiedene Weise um den Körper gelegt werden.

Der Doppelte Diamant

Der Doppelte Diamant ist ein Hilfsmittel, das das Training mit aggressiven und unkontrollierbar herumspringenden Hunden vereinfacht. Hunde, die nicht an der Leine gehen wollen und sich hinlegen, können durch das Führen mit dem Doppelten Diamanten korrigiert werden.

▸ Linda führt den Doppelten Diamanten weiter nach vorne und gibt Tess damit das Signal zum Schnellergehen. Wir empfehlen, alle Übungen von beiden Seiten zu praktizieren, da so beide Gehirnhälften aktiviert werden und es gesünder für Hals, Schultern und Becken von Hund und Mensch ist.

SO SIEHT ES AUS

SO GEHT'S

Verwenden Sie ein weiches, glattes Kunststoffseil aus dem Segel- oder Bergsteigerbedarf, das sich nicht dehnt. Wir empfehlen, das Seil doppelt zu nehmen, da sich so die Auflagefläche vergrößert. Die Länge des Seils beträgt ca. 7 - 8 m mit einem Durchmesser von 7 mm für einen kleinen und 9 mm für einen größeren Hund.

Die Mitte des doppelten Seils legen Sie um die Brust des Hundes und überkreuzen die Enden über den Schultern. Ziehen Sie die Seilenden unter dem Brustkorb hindurch, und verknoten Sie sie mit einem Kreuzknoten, der sich nicht festziehen kann und der flach unter oder etwas hinter dem Brustbein liegt. Das Seil soll so am Körper liegen, daß es nicht zu stramm oder zu eng anliegt, aber auch nicht verrutscht, wenn Sie daran ziehen. Führen Sie die beiden Seilenden nach oben über den Rücken, und machen Sie einen weiteren Kreuzknoten, so daß das Seil, falls Sie es loslassen, auf dem Hunderücken liegenbleibt. Wenn Sie eine Schlaufe zum Führen haben möchten, verknoten Sie die Enden.

Das Hundegeschirr

Manche Hundefreunde haben gute Erfolge mit dem Hundegeschirr, um das Ziehen an der Leine zu korrigieren. Andere, die gut an der Leine gehende Hunde haben, finden das Hundegeschirr hundefreundlicher als ein Halsband. Es ist auch eine gute Alternative für Hunde, die durch ein Würgehalsband verletzt wurden. Das Hundegeschirr kann auch in Kombination mit dem Halti verwendet werden.

SO GEHT'S

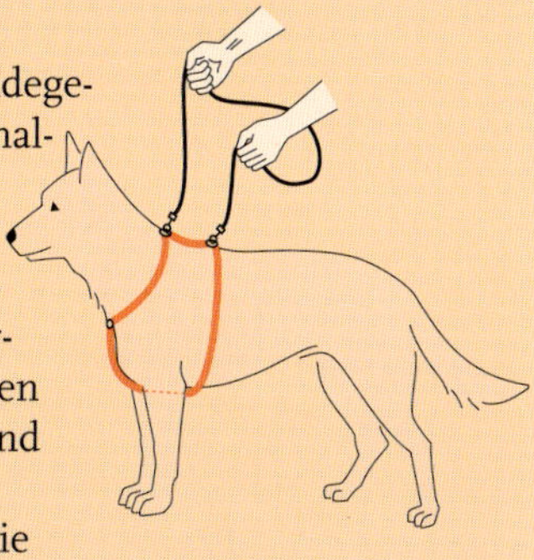

Das Hundegeschirr erhalten Sie im Fachhandel in verschiedenen Farben und Größen. Kaufen Sie am besten eines, das am oberen Riemen zwei Ringe hat. In vielen Fällen ist es besser, die Leine am vorderen Ring zu befestigen. Sie können Ihren Hund besser vom Ziehen abhalten und auch effektiver auf die Richtung einwirken. Viele Hunde laufen im Zickzack, wenn Sie die Leine am hinteren Ring einhaken, da sie keine eindeutige Richtungsanweisung erhalten. Einen unkonzentrierten, hyperaktiven oder an der Leine ziehenden Hund können Sie beidhändig führen, indem Sie die Leine an beiden Ringen einhaken.

▸ Bei der beidhändigen Führung hängen die Leinen locker durch und laufen zwischen Daumen und Zeigefinger durch die Hand hindurch. Durch diese Form der Leinenführung wird eine feine, sensible und effektive Signalgebung möglich. Tragen Sie die Hände in einer bequemen Höhe nebeneinander. Linda geht etwas hinter Tess und hält ihre Hände parallel zum Hundekörper. Aus dieser Führhaltung heraus kann Linda jederzeit die Signale zum Wenden, Halten oder Beschleunigen geben.

SO SIEHT ES AUS

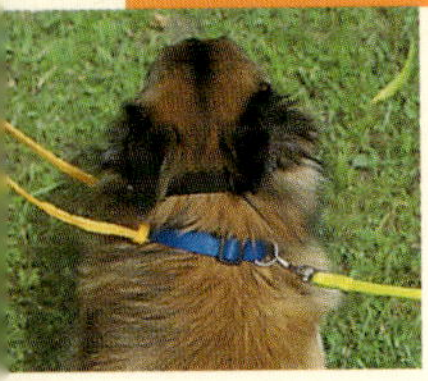

Die Brieftaube

Das beidseitige Führen, Brieftaube genannt, wendet Linda Tellington-Jones seit vielen Jahren an, um schwierige Pferde zu lenken und zu kontrollieren. Diese Methode funktioniert bei Hunden ebenso erfolgreich. Nervöse Tiere werden sicherer, da ihnen die Richtung gewiesen wird und der Weg nach vorne begrenzt ist. Manche Hunde fühlen sich durch die Menschen auf beiden Seiten beschützt.

▸ *Mit Gerte*
Hier führen Linda und Robyn Shawnee in der Brieftauben-Position in der Neutralhaltung. Neutralhaltung bedeutet, daß die Leinen locker sind. Linda zeigt Shwanee mit der Gerte die Richtung. Shawnee läuft aufmerksam mit.

▸ *Über Stangen*
Linda und Robyn gehen über ein Hindernis, da Shwanee immer noch unsicher ist. Beim Gehen über die Stangen soll sich Shawnee auf das Hindernis konzentrieren und sich gleichzeitig daran gewöhnen, daß Linda auf ihrer rechten Seite geht.

SO SIEHT ES AUS

WAS MACHE ICH, WENN...

... ich keine Gerte habe oder sie nicht verwenden möchte?
Sie können statt der Gerte auch einen Stab oder ähnliches verwenden. Falls Ihr Hund früher mit einem Stock mißhandelt wurde, dann sollten Sie die Signale ausschließlich mit der Leine und mit der Stimme geben. Sie können das Training auch ohne Gerte ausführen, aber sie ist ein sehr nützliches Hilfsmittel, wenn Sie sich mit ihrer Anwendung wohlfühlen.

▸ *Im Labyrinth*
Shawnee reagiert unsicher auf das beidseitige Führen. Linda streicht sie mit der Gerte ab, um eine Verbindung aufzubauen. Robyn fordert Shawnee mit einem Signal am Halti auf, um die Kurve zu gehen, und unterstützt die Übung mit einem zusätzlichen Signal am Halsband, als Shawnee auf das erste Haltisignal nicht reagiert.

SO GEHT'S

Für das beidseitige Führen benötigen Sie zwei Leinen, ein Halsband, ein Halti und eventuell eine Gerte. Befestigen Sie die beide Leinen am Halsband, wobei eine zusätzlich auch am Halti eingehakt wird. Am Halsband sollten die Leinen mit einem Abstand befestigt werden, damit sie nicht vom gleichen Punkt aus Signale geben, denn dies wäre verwirrend für den Hund. Die Führenden halten etwa einen Meter Abstand zum Hund ein, bleiben auf Kopfhöhe des Hundes und koordinieren ihre Signale. Anhalten, Wenden und Losgehen wird in Abstimmung eingeleitet und durch Körpersprache unterstützt. Um eine klare Zusammenarbeit aufzubauen, gibt der "Kapitän" die Signale und die zweite Person agiert unterstützend.
In den meisten Fällen sollte auf einer Seite der Besitzer führen. Nur wenn sich der Hund dabei wohlfühlt, können auch zwei fremde Personen führen. Aggressive Hunde können in der Brieftaube sicherer und mit der größten Kontrolle geführt werden.
Wir empfehlen Ihnen allerdings, nicht mit Hunden zu arbeiten, die Menschen gegenüber aggressiv sind. Überlassen Sie dies erfahrenen Hundetrainern, die bekannt für ihre positiven Methoden sind, oder wenden Sie sich an einen unserer Hundepractitioner, die sich auf aggressive Hunde spezialisiert haben.

PETE, AUSTRALISCHER SCHÄFERHUND
NERVOSITÄT

Beidseitiges Heranführen an das Hindernis ...

Ich kaufte Pete, als er 12 Wochen alt war. Er stammte von dem Rüden ab, der als einziger Hund zweimal australischer Rassenbester geworden war. Pete war ein Hund mit einer unglaublichen Präsenz im Vorführring. Seine Bewegungen standen denen seines Ahnherren in nichts nach.
Er fühlte sich jedoch während der Begutachtungen im Ring nicht richtig wohl und duckte sich, wenn der Richter ihn anfassen wollte. Er war ein energiegeladener Hund, der zu Muskelverspannungen neigte. Ich wußte, daß eine Entspannungshilfe seinen Bewegungsrahmen verbessern würde. Pete hatte außerdem eine Schulterverletzung, die manchmal dazu führte, daß seine Schulter beim Gehen pendelte. Ich versuchte es mit chiropraktischer Behandlung, aber die Verbesserungen hielten nicht lange vor. Eines der Anzeichen von Petes Nervosität waren seine schwitzenden Pfoten, die verräterische Abdrücke auf der Matte hinterließen.
Trotz dieser Probleme gehörte Pete regelmäßig zu den besten Hunden. Ich wußte aber, daß die Anforderungen an das Benehmen in den fortgeschrittenen Klassen steigen würden. Um Pete auf die Begutachtungen vorzubereiten, nahm ich ihn zusammen mit einem Partner in die Brieftaube-Position. Wir strichen ihn im Stehen mit der Gerte ab und ließen ihn von einer fremden Person durch die Bodenübungen führen und mit TTouches behandeln. Mit Maul TTouches bereiteten wir ihn auf die Gebißuntersuchung des Richters vor. Ich machte Phyton TTouches, Beinkreise und Ruten TTouches und bearbeitete seine Pfoten, um ihn zu entspannen und ihm ein Gefühl der Sicherheit zu geben. Die Phyton TTouches, das Beinkreisen und die TTouches am Rücken verbesserten seine Haltung, so daß auch die chiropraktischen Behandlungen langanhaltender wirkten. Pete entwickelte immer mehr Selbstbewußtsein. Seine Haltung verbesserte sich, und er lernte, die Hundeprüfungen richtig zu genießen. Pete wurde mehrmals Rassenbester. Durch TTeam wurde aus dem vormals prüfungsgestreßten Hund ein entspannter Wettkämpfer. *(von Linden Spear)*

SHADOW, DEUTSCHER SCHÄFERHUND
ÄNGSTLICHKEIT

Ich traf Shadows Besitzerin bei einem Hundetraining. Sie wollte Shadow in Hundeprüfungen vorstellen, aber er blieb bei länger dauernden Sitzübungen nicht am Platz. Sie und der Trainer suchten vergeblich nach Lösungen. Als ich das Problem mit der Besitzerin diskutierte, bemerkte ich, daß der Hund ängstlich auf laute Geräusche reagierte, sich beim Führen in die Leine legte, keine Fremden mochte und an seiner Besitzerin hochsprang.
Wir arbeiteten sechsmal miteinander. Ich war mir sicher, daß Shadows Verhalten ein Zeichen für seine fehlende Selbstkontrolle war. Der erste Körpertest zeigte, daß er seine Pfoten, Hinterläufe und Rute in Sicherheit bringen wollte. Er widersetzte sich anfangs auch der Maularbeit, den kreisenden TTouches, dem Beinkreisen und den Ruten und Pfoten TTouches. Wir machten die Körperarbeit, um ihn zu beruhigen, während wir ihn verschiedenen Geräuschen aussetzten. Eines der gefährlichen Probleme war, daß Shadow auch im Auto durch die Fahrgeräusche in Panik geriet. Also fuhren wir mit ihm Auto, und ich machte TTouches, um ihn während der Fahrt zu entspannen.
Wir führten Shadow in der Brieftaube-Position, wobei die Besitzerin zuerst auf seiner rechten Seite ging. Dann wechselten wir die Seiten, und ich übernahm die führende Position. Wir überwanden verschiedene Hindernisse, um den Hund auf eine Aufgabe zu konzentrieren. Das Führen in der Brieftaube-Position zeigte ihm, wieviel angenehmer das Führen ohne ständiges Zerren und Herumspringen war. Mit dem Tellington-Training konnten wir Shadow vermitteln, daß ein positives Verhalten gern gesehen wird. Die Brieftaube ist auch sehr nützlich, um dem Hund zu zeigen, daß er genügend Abstand halten muß. Die Körperarbeit mit den TTouches und das Körperband sind effektive Mittel, um den Hund zu "erden", zu entspannen und in seinem positiven Verhalten zu festigen. Die Hindernisarbeit ist ein guter Weg, um die Konzentration des Hundes auf eine Aufgabe zu lenken. Das Abstreichen mit der Gerte während der Stehübungen half Shadow, sich zu beruhigen. Mit Tellington-Übungen überwindet man streßbedingtes Fehlverhalten, und es war perfekt geeignet, Shadows Kooperation zu gewinnen *(von Linden Spear)*

... fördert Konzentration und Koordination.

Hindernistraining

WARUM MACHEN WIR HINDERNISTRAINING?

Ein elementares Hindernis – das Labyrinth.

Hunde haben Spaß beim Training mit Hindernissen. Sicher haben auch Sie schon gesehen, mit welcher Begeisterung Hunde Slalom laufen oder sich im Labyrinth bemühen, nicht auf die Stangen zu treten. Aber nicht nur der Spaß ist wichtig, das Hindernistraining hat viele Vorteile für die Schulung der Aufmerksamkeit, des Gehorsams und der Intelligenz.
Ihr Hund lernt zu denken und mitzuarbeiten, denn er muß sich auf die gestellte Aufgabe konzentrieren. Das Training schult seinen Körper, er wird beweglicher, geschmeidiger und fit. Wichtig sind natürlich auch die Erfolgserlebnisse. Loben Sie Ihren Hund für jede bewältigte Übung und jeden kleinen Fortschritt! Sie fördern so sein Selbstvertrauen.
Das Führen durch das Labyrinth ist ein besonders wichtiges Element im Tellington-Training. Es wurde schon in vielen Büchern über das Labyrinth und seine Anordnungen geschrieben, warum aber das Labyrinth-Training so effektiv ist, blieb bisher ungeklärt. Auch die Wirkungen des beim Tellington-Trainings verwendeten Labyrinths wurden untersucht. Es stellte sich u.a. heraus, daß sich die Beweglichkeit und das Koordinierungsvermögen von Kindern mit Lernschwierigkeiten und Bewegungseinschränkungen verbessern. Das Training mit Hunden und Pferden zeigt, daß sich Aufmerksamkeit, Koordination, Kooperation und Balance auffallend steigern.
Das Führen über verschiedene Untergründe - Brett, Plastik usw. - ist hilfreich für Situationen, in denen Ihr Hund über ungewohnte Böden laufen muß, z.B. auf glattem Parkettboden im Haus oder Metallgittern auf der Straße.
Stangen, Stern, Cavaletti und Wippe trainieren die Kondition und machen Spaß, ebenso wie Reifen, Leiter und Hütchen.

HINDERNISSE

▸ 6 Stangen: Für das Labyrinth eignen sich Kunststoffstangen mit einem Durchmesser von 3 - 8 cm und einer Länge von 3 - 4 m. Sie können die Stangen in mehrere 1 m lange

Stücke teilen und zur Arbeit mit Verbindungsstücken zusammenfügen. Die kurzen Teilstücke lassen sich besser verstauen. Auch für das Stangentraining, den Stern oder die Cavaletti können Sie diese Stangen verwenden.

- Brett: Ein etwa 0,5 m x 2 m x 2,5 cm großes Holz dient als stabiler Brett-Untergrund. Mit einem Holzklotz als Unterlage wird es zur Wippe, mit Reifen, Plastik- oder Holzblöcken unterlegt zur Brücke.
- Plexiglasplatte und Gitterplatte: Um andere Untergründe auszuprobieren, bieten sich glatte oder rauhe Flächen mit den Maßen 1 m x 2 m an.
- 6 Autoreifen: Legen Sie die Reifen nebeneinander oder mit Lücke aus, je nachdem, wie gut Ihr Hund anfangs darüber läuft.
- Leiter: Verwenden Sie eine einfache Holz- oder Aluminiumleiter.
- 6 Hütchen: Zum Slalomlaufen sind Hütchen sehr praktisch, Sie können aber auch Stangen oder ähnliches verwenden.

Wenn Sie Hundesporthindernisse haben, können Sie natürlich auch diese verwenden. Stellen Sie sie anfangs so leicht wie möglich ein, und lassen Sie den Hund das Hindernis langsam Schritt für Schritt überwinden.

Kleine Hunde können große Hindernisse überwinden.

SICHERHEITSTIPS

- Wichtig ist, daß alle Hindernisse so stabil gebaut sind, daß sich niemand verletzten kann. Achten Sie auf bewegliche Teile, scharfe Kanten oder Splitter.
- Seien Sie vorsichtig, wenn Sie mit einem gegen Artgenossen aggressiven Hund arbeiten. Halten Sie genügend Abstand zu anderen Hunden.
- Führen Sie einen schwierigen Hund zu zweit in der Brieftaube-Position, er lernt so schneller und ist sicherer zu handhaben.
- Versuchen Sie mit einem schwierigen Hund ein Hindernis zu bewältigen, z.B. das Labyrinth. Dadurch, daß der Hund eine Aufgabe gestellt bekommt und er sich konzentrieren muß, wird seine Aggression oder Nervosität verringert.

Durch das Labyrinth

Das Führen durch das Labyrinth ist in vieler Weise hilfreich: Durch die Begrenzungen der Stangen lernt Ihr Hund, sich besser auf den Führenden zu konzentrieren und auf leichte Signale an der Leine, mit der Stimme und die Körpersprache zu achten.

▸ Shawnee soll sich an das Halti gewöhnen und wird durch das Labyrinth geführt, um ihre Aufmerksamkeit vom Halti abzulenken. Robyn dreht ihren Oberkörper in Shawnees Richtung, damit sie sie beobachten kann und mit ihrer Körpersprache und durch das Annehmen und Nachgeben am Halsband das Tempo beeinflussen kann. Die Richtung gibt sie vor, indem sie ihre rechte Hand und ihren Oberkörper in die Bewegungsrichtung wendet. Wie Shawnee sollte Ihr Hund in der Mitte der Labyrinthwege gehen, damit er nicht an den Rand gedrängt wird.

SO SIEHT ES AUS

▸ Von vorne erkennen Sie die in unterschiedlicher Höhe gehaltenen Hände und den Abstand zwischen Mensch und Hund. Beide Leinen sind locker. Robyn hat Shawnee wieder ihren Oberkörper zugewandt. Shwanee trägt hier ein mit dem Gummiband kombiniertes Halti - warum, lesen Sie bitte auf Seite 66 nach.

SO GEHT'S

Für nervöse oder aggressive Hunde ist es eine gute Übung, mit anderen Hunden durch das Labyrinth zu gehen, wobei die anderen Hunde folgen oder auch vorausgehen. Passen Sie allerdings auf, wenn Sie mit einem gegen Artgenossen aggressiven Hund arbeiten, daß Sie beim Vorbeigehen genügend Abstand halten. Wie die Bilder zeigen, bleibt Shawnee schon nach dieser einen Übung ruhig in Tess Nähe. Um Aggressionen aber vollkommen zu beseitigen, ist häufigeres Training mit verschiedenen fremden Hunde nötig. Durch die ungewohnten Übungen mit einem aggressiven und einem ruhigen, fremden Hund ist es möglich, das Verhalten des aggressiven Hundes völlig zu verändern. Das Labyrinth gibt dem Hund eine Grenze, so daß er die Möglichkeit hat, nicht gewohnheitsmäßig zu reagieren und sein Verhaltensmuster zu ändern. Außerdem macht es Spaß, etwas Neues mit seinem Hund auszuprobieren.

1 Shawnee springt auf Tess los, als sie über das Labyrinth geführt werden. Robyn wendet Shawnees Kopf mit dem Halti ab und zieht sie mit der Halsbandleine zu sich.

2 Beim nächsten Versuch geht Robyn zwischen den Hunden. Shawnee beäugt Tess nervös und angriffslustig zugleich. Das Halti und die doppelte Leine helfen, Shawnee unter Kontrolle zu halten.

3 Nach mehrmaligem Üben bleibt Linda mit Tess am Platz. Robyn geht ihnen entgegen. Linda und Robyn sind aber noch zwischen den beiden Hunden.

4 Robyn erlaubt Shawnee, in Richtung Tess schauen, solange sie dabei ruhig stehenbleibt. Linda streicht Shawnee mit der Gerte ab, um sie zu beruhigen und Kontakt herzustellen.

Über Bretter

Eines der effektivsten Hindernisse, um das körperliche und emotionale Gleichgewicht zu beeinflussen, ist das Brett. Ein zweites Brett verwenden wir nur am Anfang, bis ein Hund vertrauensvoll, aufmerksam und sicher genug ist, um über ein schmales Brett zu gehen. Für dieses Hindernis verwenden Sie am besten zwei stabile, etwa 20 cm breite und 3 m lange Bretter. Um die Bretter zu erhöhen, können Sie Autoreifen, Plastik- oder Holzblöcke unterlegen.

▸ T-Rex ist ein junger, aktiver Hund, der sich besser durch beidseitiges Führen konzentrieren läßt. Er wird von Linda und Kirsten an das durch untergelegte Autoreifen erhöhte Brett herangeführt und soll sich das Hindernis in Ruhe ansehen. Kirsten führt ihn beidhändig an Halti und Halsband, Linda mit einer einfachen Leine und der Gerte.

▸ Hier sieht man, wie sich T-Rex aufmerksam und konzentriert in der Mitte des Bretts bewegt und die Leinen in Neutralhaltung geführt werden. Hilfreich ist die Gerte, mit der Linda ihm den Weg weist. Als nächsten Schritt können Sie Stangen auf das Brett legen, um es schmaler zu machen, oder ein schmaleres Brett verwenden.

WAS MACHE ICH, WENN…

… mein Hund unkonzentriert ist?

Denken Sie daran, daß Sie sich selber auf die Übung konzentrieren. Machen Sie sich ein genaues Bild davon, was Sie von Ihrem Hund wollen und lassen Sie ihm Zeit, sich das Hindernis genau anzusehen. Loben Sie ihn auch schon für kleine Fortschritte und verlangen Sie nicht zuviel auf einmal.

▸ Tess tritt vorsichtig auf das zweite Brett, um sich auszubalancieren. Es ist überraschend, daß durch die Bewältigung eines einfachen oder erhöhten Bretts Hunde ihre Angst verlieren und besser mit ihrer Umwelt zurechtkommen. Bei manchen Hunden kommt es zu Verhaltensänderungen, die nicht direkt mit der Übung in Zusammenhang stehen.

▸ Um die erste Übung zu vereinfachen (oder wenn ein Hund nicht auf das Brett treten will), hat Linda die Bretter zu einem "V" ausgelegt. Sie zeigt mit der Gerte auf den Boden, um Tess aufmerksam zu machen und ihr den Weg zu weisen. Tess geht lieber auf dem Rasen zwischen den Brettern und tritt erst am Ende über die zusammenliegenden Bretter.

▸ Jetzt liegen die Bretter näher beieinander. Auch hier unterstützt Linda mit der Gerte die Übung und zeigt Tess damit, wo sie hintreten soll. Tess folgt der Gerte und läuft ausbalanciert auf dem schmalen Brett.

Über Gitter und Plastikboden

Das Führen über einen Gitterboden und Plexiglas ist ein gutes Training, damit Ihr Hund Ihnen auch auf jeden ungewohnten oder glatten Untergrund mit Vertrauen folgt. Es ist auch eine wichtige Übung für die Ausbildung von Therapie- und Rettungshunden, die unerschrocken und sicher über jeden Untergrund gehen müssen, z.B. auch über glattes Eis. Verwenden Sie für den Gitterboden engmaschiges Drahtgeflecht, das Sie auf einem Rahmen befestigen. Plexiglas eignet sich als glatter Untergrund, da es nicht splittern kann und leicht zu handhaben ist.

▸ Linda führt ihren Patenhund Jesse mit einem flachen Halsband zum erstenmal über den feinmaschigen, auf einem höheren Rahmen befestigten Gitterboden. Jesse geht langsam und vorsichtig und sieht genau hin, wohin sie ihre Füße setzt. Linda ermuntert und lobt sie mit ihrer Stimme für ihre erfolgreiche Bemühung, das Gitter zu überwinden.

▸ Für junge Hunde ist es vorteilhafter, beidseitig geführt zu werden. Kirsten führt T-Rex beidhändig mit Halti, Linda mit der einfachen Leine und Gerte mit größerem Abstand. Die Leinen hängen etwas durch, damit Freiheit bleibt, den Untergrund zu erforschen.

SO SIEHT ES AUS

SO GEHT'S

Wenn Ihr Hund beim Überqueren der Hindernisse nervös ist und seine Pfoten verkrampft, dann empfehlen wir, Ihren Hund mit Waschbär TTouches an den Pfoten vorzubereiten. Dadurch können Sie mehr Aufmerksamkeit und eine neue Verbindung zu den Pfoten aufbauen. Wenn der Hund Angst hat, spannt er seine Muskeln an und die Durchblutung in den Beinen bis zu den Pfoten ist behindert, wodurch er nicht so viel Gefühl in seinen Pfoten hat. Sie können zusätzlich ein Körperband anlegen, um ihm mehr Sicherheit und Stabilität zu vermitteln. Um die Übung noch zu vereinfachen, legen Sie etwas Futter auf das Hindernis. Je mehr ungewöhnliche Untergründe Sie ihrem Hund zum Darüberlaufen bieten können, um so vertrauensvoller und selbstsicherer wird er in allen neuen Situationen.

▸ Jo führt Gimli beidhändig mit dem Halti über den glatten Plexiglasboden. Auch Gimli hat seine Nase konzentriert am Boden und setzt seine Pfoten sehr präzise und sorgsam auf den Untergrund.

WAS MACHE ICH, WENN...

... ich keine Möglichkeit zum Trainieren mit Hindernissen habe?

Die Hindernisse, die wir verwendet haben, sind so einfach wie möglich gehalten. Wir möchten Ihnen zeigen, daß Sie auch aus Materialien, die Sie zu Hause haben, Hindernisse aufbauen können.
Sie brauchen nicht unbedingt einen professionellen Hundeübungsplatz mit Agilityhindernissen. Unsere Hindernisse können auch auf dem Rasen im Garten oder auf einem Parkplatz o.ä. schnell aufgebaut werden. Als glatte Fläche können Sie auch eine Plastikfolie oder als Gitterboden ein Mückennetz verwenden.

Über die Wippe

Ein Hindernis, das die Balance und Trittsicherheit Ihres Hundes besonders fördert, ist die Wippe. Ihr Hund lernt, Ihnen in jeder Situation zu vertrauen, auch wenn etwas Unerwartetes passiert. Sie können den Schwierigkeitsgrad der Übung variieren, indem Sie unterschiedliche Wippenhöhen ausprobieren.

▸ Halten Sie vor der Wippe an, und tippen Sie mit der Gerte auf das Brett, um Ihren Hund auf das Hindernis aufmerksam zu machen. Hier folgt Gimli Jos Gerte, und Jo geht auf Kopfhöhe neben Gimli.

▸ Jo versperrt Gimli mit der Gerte den Weg zur Seite, als er in der Mitte der Wippe vorhat, abzukürzen. Der Fehler passiert, weil Jo zu weit hinten steht und vergißt, daß Gimli der Gerte folgen sollte.

SO SIEHT ES AUS

WAS MACHE ICH, WENN...

... mein Hund von der Wippe herunterspringt?
Vereinfachen Sie das Hindernis. Nehmen Sie ein breites Brett, und beginnen Sie in einer geringen Höhe. Legen Sie Futter auf dem Brett aus, damit Ihr Hund langsam darübergeht. Gehen Sie langsam, Schritt für Schritt. Wenn Ihr Hund immer noch versucht herunterzuspringen oder nicht gerade über das Brett läuft, probieren Sie es mit dem Halti und eventuell mit dem Doppelten Diamanten. Achten Sie darauf, beim Führen auf Kopfhöhe des Hundes zu gehen.

SO GEHT'S

1 Jesse ist schon über das Brett gelaufen, als es noch auf dem Boden lag. Hier sieht sie zu, wie Futter auf die Wippe gelegt wird, und kann sich auch das Hindernis ansehen.

2 Beim ersten Mal legt Linda das Brett so auf den Reifen, daß es nicht kippt. Linda führt mit einem Ring, der um die Brust direkt hinter der Schulter liegt und dazu dient, die Richtung zu beeinflussen.

3 Linda hält Jesse an, während das Brett durch Jesses Gewicht nach unten kippt. Linda unterstützt sie am Halsband und mit dem Ring, damit sie ruhig stehenbleibt.

4 Nach einiger Übung wird die Wippe erhöht. Linda hat hier ihren Fuß auf der Wippe, so daß sie das Brett langsam nach unten kippen kann, bis sich Jesse an die Bewegung in der Höhe gewöhnt hat.

Über A-Wand und Laufsteg

Die A-Wand und der Laufsteg sind Hindernisse, die auch Bestandteile des Agility-Trainings sind. Neben dem Spaß, den Ihr Hund und Sie haben werden, trainieren diese Übungen die Geschicklichkeit, das Balancegefühl und das Selbstvertrauen Ihres Hundes. Die A-Wand besteht aus zwei stabilen Brettern, die zu einem Dach aufgestellt und miteinander verbunden werden. Mehrere Querlatten auf den Steigflächen verhindern das Abrutschen. Wenn möglich, sollte der Neigungswinkel variabel sein. Der Laufsteg mit den seitlichen Stangen dient als Vorbereitung für die A-Wand, die Wippe und den erhöhten Laufsteg. Der Hund lernt mühelos, über das Brett zu gehen ohne danebenzutreten, die Querlatten sind eine Vorbereitung für die A-Wand.

▸ *A-Wand Aufstieg*
Die A-Wand ist hier flacher aufgestellt als sonst beim Agility-Training üblich, damit es Jesse beim ersten Training leichter hat und sie Vertrauen aufbaut. Linda unterstützt den Aufstieg seitlich mit der Gerte, und Jesse folgt ihr ruhig und langsam.

▸ *A-Wand Abstieg*
Für manche Hunde ist der Abstieg schwieriger als der Aufstieg. Jesse versucht die richtige Balance zu finden und geht langsam und vorsichtig Schritt für Schritt hinunter. Linda geht etwas vor Jesse, damit sie ihr vertrauensvoll folgt.

SO SIEHT ES AUS

WAS MACHE ICH, WENN…

… mein Hund Hüftprobleme hat?
In diesem Fall lassen Sie das Training mit der A-Wand aus. Sie sollten auch vermeiden, daß Ihr Hund Treppen steigt oder ins Auto springt, denn dadurch können sich Hüftprobleme verschlimmern.

▸ *Laufsteg*
Da Jesse am Anfang etwas zögernd über das Brett gegangen ist, wurden die seitlichen Begrenzungen aufgestellt. Dadurch lernt Jesse, gerade und sicher über das Brett zu gehen, denn dies ist nötig, wenn das Brett erhöht wird.

SO GEHT'S

Das Geschicklichkeitstraining mit steiler A-Wand und Laufsteg ist eigentlich etwas für fortgeschrittenere Hunde. Linda zeigt hier einfachere Variationen, mit denen aber auch schon unerwartete Erfolge mit nervösen und unsicheren Hunden eintreten können. Durch den höheren Schwierigkeitsgrad sammeln die Tiere Erfahrungen, wodurch Vertrauen und Selbstbewußtsein gestärkt werden. Verwenden Sie zum Training das Halti und ein Halsband, wenn Ihr Hund zu schnell ist. Abhängig von Gesundheit, Alter und Rasse Ihres Hundes sollten Sie sich genau überlegen, wieviel Sie von Ihrem Hund verlangen können. Hunde mit Hüftgelenksdysplasie oder Arthrose sollten nicht über eine A-Wand oder einen erhöhten Laufsteg gehen.
Trainingsziel ist es, daß Ihr Hund das Hindernis langsam und mit Bewußtheit überwindet. Halten Sie Ihren Hund also zwischendurch an, wenn er zu schnell werden sollte.

Cavaletti, Stern und Stangen

Das Training mit Cavaletti, Stern und Stangen trainiert die Geschicklichkeit und Aufmerksamkeit Ihres Hundes. Er lernt seine Tritte zu kontrollieren. Die Stangen sind auch ein gutes Training für Ausstellungshunde, um Gangvermögen und Kondition zu verbessern, und zur Vorbereitung für das Agility-Training. Verwenden Sie am besten leichte Kunststoffstangen, die Sie durch entsprechende Unterlagen zu Cavaletti und Stern umbauen können. Sie benötigen fünf bis sechs etwa zwei bis drei Meter lange Stangen.

▸ *Cavaletti*
Jo führt Gimli über die sechs Cavaletti. Gimli trabt über die Mitte der Stangen, und Jo zeigt ihm den Weg mit der Gerte, während sie außen vorbeiläuft. Am Anfang ist es für manche Hunde hilfreich, wenn man mit ihnen über die Stangen läuft.

▸ *Stern*
Gimli folgt Jos Gerte über den Stern, der hier aus sechs Stangen besteht. Gimli geht innen, was für ihn schwieriger ist, weil die Stangen dort enger zusammenliegen und höher sind.

SO GEHT'S

1 Probieren Sie aus, mit welchen Abständen Ihr Hund im Schritt und Trab gut zurechtkommt. Schreiten auch Sie aufmerksam über die Stangen - Ihre Körpersprache motiviert Ihren Hund zur Mitarbeit.

2 Jetzt ist die letzte Stange erhöht. Die Stangen vor dem Sprung helfen Jesse den Abstand einzuschätzen und im Rhythmus zu bleiben. Linda und Jesse gehen nicht zu langsam, damit sie genügend Schwung haben.

3 Linda springt neben Jesse über die ca. 40 cm hohe Stange. Linda und Jesse bewegen sich synchron - sie bilden ein perfektes Paar, dem man den Spaß ansieht.

WAS MACHE ICH, WENN...

... mein Hund zwar mitmacht, aber wenig Freude zeigt?

Denken Sie daran, Ihren Hund für jeden Erfolg zu loben. Wenn Sie sich freuen und Spaß haben, wird sich das auch auf Ihren Hund positiv auswirken. Überlegen Sie, ob Sie einmal mit anderen Hunden und Menschen üben, denn gemeinsames Training motiviert.

Über Leiter und Reifen

Reifen und Leiter sind für manche Hunde eine Herausforderung. Durch die verschiedenen Materialien und Formen erweitert der Hund seine Erfahrung. Jede neue Übung beeinflußt den Hund in einer Weise, die wir nicht vorhersehen können. Für die Reifenübung verwenden Sie vier bis sechs Autoreifen, die Sie in unterschiedlicher Anordnung auslegen können. Für das Leiterhindernis legen Sie eine stabile, einfache Leiter auf den Boden.

▸ Linda führt Tess mit einfacher Leine und Gerte über die Leiter. Tess geht aufmerksam und mit tiefer Kopfhaltung über die Sprossen.

▸ Hier zeigen Linda und eine Helferin, wie sie Jesse, die unsicher und stürmisch über die Reifen gehen will, beidseitig führen. Die Brieftauben-Position vermittelt dem Hund mehr Sicherheit und fördert das Vertrauen.

▸ Grady ist ein zweijähriger Großpudel, der zum ersten Mal über ein Hindernis geführt wird. Das Abstreichen mit der Gerte an den Vorderbeinen hilft ihm, sich zu beruhigen, so daß er sich auf das Hindernis konzentrieren kann. Robyn führt ihn mit der Balanceleine, um ihn in seine Balance zu bringen und vom Davonstürmen abzuhalten. Die Reifen liegen zur Vereinfachung mit Abstand aus, da es für Grady am Anfang zu schwierig ist, über die Reifen zu gehen oder in die Zwischenräume zu treten. Ziel ist, daß der Hund Erfolg hat, d.h. die Hindernisse werden langsam in höheren Schwierigkeitsgraden aufgebaut.

SO GEHT'S

Bei der Leiter soll Ihr Hund seine Schrittlänge den Abständen zwischen den Sprossen anpassen und genau hinsehen. Wenn Ihr Hund Angst vor der Leiter hat und nicht in die Abstände treten will, gehen Sie zuerst in Schlangenlinien quer über die Leiter oder folgen einem anderen Hund. Wenn Ihr Hund anfangs über die Leiter springt, legen Sie etwas Futter in die Sprossenzwischenräume. Wenn Sie der Länge nach über die Leiter gehen wollen und Ihr Hund noch etwas unsicher ist, können Sie sich behelfen, indem Sie die Leiter an einer Seite z.B. gegen eine Wand legen. So brauchen Sie Ihren Hund nur auf einer Seite zu kontrollieren und er wird nicht ausweichen. Bei den Reifen kann Ihr Hund auf dem Gummi gehen. Schwieriger wird die Übung, wenn er lernt, auch in die Reifenmitten zu treten. Bei manchen Hunden müssen Sie anfangs eventuell Futter in die Reifen legen.

WAS MACHE ICH, WENN...

... mein Hund das Hindernis verläßt?
Eine Möglichkeit ist, daß Sie eine optische Begrenzung neben dem Hindernis auslegen, z.B. einfarbige oder bunte Stangen. Nützlich sind Stangen auch als Wegweiser vor dem Hindernis. Sie werden V-förmig ausgelegt und geben die Richtung vor. Führen Sie Ihren Hund nach dem Verlassen wieder ruhig an das Hindernis heran, und probieren Sie es erneut. Es kann auch sein, daß Sie erst ein einfacheres Hindernis probieren oder das Hindernis vereinfachen müssen. Achten Sie auch darauf, daß Sie den Hund langsam Schritt für Schritt vorwärtsgehen lassen und ihn auf Kopfhöhe führen. Denken Sie daran, daß Sie und Ihr Hund Spaß haben sollen. Loben Sie ihn viel mit Ihrer Stimme und mit TTouches. Wenn Sie einen schüchternen oder nervösen Hund haben, ist es immer von Vorteil, Leckerlis zur Hand zu haben.

Slalom mit Hütchen

Aufmerksamkeit und Wendigkeit sind gefragt, wenn es im Slalom um die Hütchen gehen soll. Auch dies ist ein Hindernis, das Sie vielleicht aus dem Agility-Training kennen und das Mensch wie Hund großen Spaß macht. Üben Sie den Slalom zunächst mit Leine und im langsamen Tempo. Wenn Ihr Hund verstanden hat, was er tun soll, können Sie im höheren Tempo und schließlich auch ohne Leine trainieren. Sie benötigen fünf bis sechs Hütchen oder Stangen, die Sie auf einer geraden Linie aufstellen. Der Abstand zwischen den Hütchen sollte für das erste Training mindestens anderthalb Hundelängen betragen.

▸ Tess läuft frei um die Hütchen. Linda dirigiert sie durch Körpersprache und Handsignale um die Hindernisse. Tess arbeitet sehr gut mit und läuft mit Blick auf Lindas rechte Hand in engen Bögen um die Hütchen. Manchmal ist es hilfreich, den Hund mit Leckerlis durch die Hütchen zu lotsen.

▸ Wenn Sie Ihre Trainingseinheiten kurz halten, werden Sie feststellen, daß Ihr Hund in der Zwischenzeit das Gelernte verarbeitet hat und oft beim nächsten Mal noch besser ist.

SO SIEHT ES AUS

WAS MACHE ICH, WENN...

... mein Hund Hütchen ausläßt?

Stellen Sie die Hütchen mit einem größeren Abstand auf - Ihr Hund hat eventuell noch Schwierigkeiten mit engeren Wendungen. Überprüfen Sie auch, ob Ihr Hund vielleicht durch ein körperliches Problem die Wendungen nicht so gut nehmen kann. Vielleicht hat er auch die Aufgabenstellung noch nicht richtig verstanden. Es kann helfen, wenn Sie hinter einem anderen Paar hinterhergehen.

SO GEHT'S

1 Shawnee trägt das Körperband, um mehr Sicherheit zu gewinnen. Mit Hilfe der beidhändigen Führung lenkt Robyn Shawnee rechts am Hütchen vorbei.

2 Robyns deutliche Körpersprache unterstützt das Biegen in der Wendung. Shawnee soll auf einer gleichmäßigen Linie bleiben, die nicht zu dicht oder zu weit entfernt von den Hütchen verläuft.

3 Konzentration ist wichtig beim Slalom. Üben Sie das Slalomlaufen mit Ihrem Hund in beiden Richtungen und auf beiden Seiten, damit Sie und Ihr Hund Ihre Flexibiltät verbessern.

Typische Verhaltensprobleme lösen

MEIN HUND IST ÄNGSTLICH

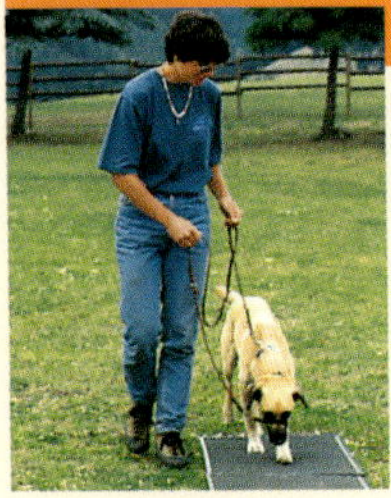

Führtraining über glatten Untergrund fördert Selbstvertrauen.

Ängstlichkeit äußert sich beim Hund in deutlicher Körpersprache. Er klemmt seine Rute zwischen die Hinterbeine und nimmt eine demütige, geduckte Körperhaltung ein. Weitere Anzeichen für Angst sind unterwürfiges Lecken, Pinkeln, sich auf den Rücken rollen, starrer Blick oder wie angewurzelte Erstarrung. Übergroße Angst kann auch in Aggressivität umschlagen: Der Hund beginnt zu knurren und im schlimmsten Fall zu schnappen oder zu beißen.

▸ *So hilft Tellington-Training*

Ängstlichen Hunden fehlt etwas sehr Wichtiges: Selbstbewußtsein und Selbstvertrauen.

Ein Hund mit geringem Selbstbewußtsein hat z.B. kaum Kontakt zu anderen Hunden, Menschen oder seiner Umwelt und auch weniger Spaß am Leben, weil er sich nicht entspannen kann. Mit Hilfe der TTouches können solche Probleme bewältigt werden. Machen Sie Körperarbeit, um Ihrem Hund Bewußtheit für den eigenen Körper zu vermitteln.

Beginnen Sie zum Beispiel am Kopf: Machen Sie Ohren TTouches und verbundene Liegende Leopard TTouches. Wenn Ihr Hund vor der Berührung zurückweicht, probieren Sie es anfangs mit dem Handrücken oder einem anderen TTouch. Arbeiten Sie am ganzen Körper.

Versuchen Sie, die Rute Ihres Hundes zu entspannen. Falls Ihr Hund ein Angstbeißer ist oder schnappt, wenn Sie ihn am Hinterteil berühren, dann empfehlen wir, dem Hund ein Halti anzulegen. Streichen Sie ihn mit der Gerte ab, wenn er dabei keine Angst zeigt und sich wohl fühlt. Um die Übung zu vereinfachen, führen Sie Ihren Hund über Hindernisse und streichen ihn zwischendurch immer wieder mit der Gerte ab. Anschließend können Sie zu den kreisenden TTouches mit der Hand übergehen. Durch die kreisenden TTouches können Sie Angst bis in die Zellen des Körpers hinein lösen. Futter oder Leckerlis können zusätzlich dazu beitragen, die Ängstlichkeit Ihres Hundes abzubauen und ihn zu entspannen. Sprechen Sie mit einer weichen, ruhigen Stimme, um ihn zu beruhigen. Für die TTouch-Behandlung dürften Sie etwa fünf bis zehn Minuten benötigen. Wenn Sie sie regelmäßig einplanen, z.B. einmal täglich, werden Sie erleben, daß Sie viel erreichen können.

▸ **DETAILLIERTEN RAT FINDEN SIE HIER**

Ohren TTouch S. 48, Liegender Leopard TTouch S. 22, Lama TTouch S. 27, Waschbär TTouch S. 28, Körperband S. 72, Halti ab S. 68, Labyrinth S. 84.

MEIN HUND IST AGGRESSIV

Aggressive Hunde lernen durch das Training im Labyrinth, ihre Angriffslust zu überwinden.

Hunde, die auch in unpassenden Situationen knurren, angriffslustig bellen oder sogar beißen, kann mit dem TTouch geholfen werden - mit Ausnahme krankheitsbedingter Aggressionen. Unserer Ansicht nach werden Aggressionen durch Unsicherheit, Unklarheit in der Rangfolge, Schmerz oder Angst ausgelöst. Es gibt aber auch Hunderassen, die durch entsprechende Züchtung ein höheres Aggressionspotential besitzen, vor allem gegenüber anderen Hunden oder Tieren.

▸ *So hilft Tellington-Training*

Aggressivität ist ein komplexes Problem, das verschiedene Ursachen und Ausprägungen haben kann und deshalb auch unterschiedlich angegangen werden muß. Sie müssen auf jeden Fall daran denken, sich selber zu schützen. Beachten Sie die Grundregel, dem Hund nicht in die Augen zu starren, und nähern Sie sich von der Seite oder von hinten, aber nicht, ohne sich vorher bemerkbar zu machen. Sprechen Sie ihn vorher in einem freundlichen und beruhigenden Tonfall mit seinem Namen an.

Beginnen Sie die Körperarbeit mit der Gerte, wenn sich der Hund durch Berührungen mit der Hand bedroht fühlt. Mit dem Knauf der Gerte können sie wie sonst mit den Händen die kreisenden TTouches an den Körperteilen ausführen, die dem Hund angenehm sind. Seien Sie mit kleinen Erfolgen zufrieden, nehmen Sie sich Zeit, und überfordern Sie den Hund nicht.

Wenn Sie merken, daß der Hund die TTouches mit der Gerte genießt und Sie sein Vertrauen gewonnen haben, können Sie ihm ein Körperband anlegen und mit den üblichen TTouches beginnen.

Das Körperband und in manchen Fällen auch der Doppelte Diamant eignen sich sehr gut für aggressive Hunde, sie vermitteln ihnen ein sichereres Gefühl für den eigenen Körper. Durch den Doppelten Diamant erhalten Sie außerdem mehr Kontrolle über das Tier.

Beginnen Sie möglichst bald mit Führ- und Hindernistraining mit Halti, denn durch die Bodenarbeit kann der Hund seine instinktiven Reaktionen oder seine Angst überwinden. Er lernt zu denken, konzentriert sich auf die Aufgaben, läßt sich nicht mehr so leicht ablenken und wird durch Erfolgserlebnisse zufriedener und selbstbewußter. Einen Hund, der gegenüber Artgenossen oder anderen Tieren aggressiv ist, sollten Sie gemeinsam mit anderen Tieren über Bodenhindernisse führen oder in Sichtweite Körperarbeit machen, damit er seine Angriffslust überwindet.

Trainer, die Erfahrung mit Hunden haben, die Menschen gegenüber aggressiv sind, können gute Erfolge mit der TTeam-Arbeit erzielen. Wenn Sie keine Erfahrung im Umgang mit solchen Tieren haben, sollten Sie nicht mit ihnen arbeiten.

▸ **SUCHEN SIE HIER NACH AUSFÜHRLICHEREM RAT**
Wolken Leopard TTouch S. 18, Liegender Leopard TTouch S. 22, Maul TTouch S. 44, Körperband S. 72, Halti ab S. 66, Labyrinth S. 84.

MEIN HUND IST NERVÖS

Das Bauchheben mit Handtuch vertieft die Atmung und entspannt Bauch und Rücken.

Ein nervöser Hund zeigt Unruhe, atmet schnell und unregelmäßig, hechelt und ist manchmal kaum zu halten. Manche Hunde sind von Natur aus nervöser als andere, vielfach entsteht Nervosität aber genau wie beim Menschen durch Streßsituationen und Über- oder Unterforderung.

▸ *So hilft Tellington-Training*

TTouches eignen sich sehr gut für einen nervösen Hund, denn er lernt, sich durch die angenehme Körperarbeit zu entspannen. Dieses sich Entspannen-Können funktioniert dann nach einer Weile auch in Streßsituationen. Beginnen Sie mit kreisenden TTouches am ganzen Körper, insbesondere an den Körperstellen, wo es der Hund besonders genießt.
Um die Atmung zu regulieren, können Sie Ohren TTouches und das Bauchheben probieren. Auch das Körperband und der Maul TTouch eignen sich für nervöse Hunde. Besonders die TTouches am Maul sind hilfreich, denn die Berührungen wirken auf das limbische System im Gehirn, das die Emotionen kontrolliert.

▸ **HIER FINDEN SIE DEN RICHTIGEN RAT BEI NERVOSITÄT**
Wolken Leopard TTouch S. 18, Liegender Leopard TTouch S. 22, Maul TTouch S. 44, Bauchheben S. 42, Körperband S. 72, Halti ab S. 66, Labyrinth S. 84.

MEIN HUND BELLT UNKONTROLLIERT

Wenn ein Hund aber unkontrollierbar bellt, dann ist das zum einen anstrengend für seine Umgebung, zum anderen nicht gut für den Hund, weil er sich unter Streß setzt. So lange die Emotionen das Verhalten bestimmen und nicht der Verstand, ist der Hund nicht ansprechbar und unfähig zu lernen. Tellington-Training hilft Ihnen dabei, solche unkontrollierbaren Situationen zu überwinden.

▸ *So hilft Tellington-Training*

Eine der Grundregeln des Tellington-Trainings ist, sich im Geiste ein klares Bild von dem Verhalten zu machen, das man von seinem Hund wünscht. Gehen Sie also auf Ihren bellenden Hund zu, und stellen Sie sich vor, er wäre ruhig. Fordern Sie Ihren Hund auf, sich zu setzen, und beginnen Sie mit Ohren TTouches. Wenn Sie merken, daß er ruhiger wird, werden Sie mit dem Ohrenausstreichen langsamer. Machen Sie am ganzen Körper Liegende Leopard TTouches, um ihn zu beruhigen.

Auch Maul TTouches sind sehr hilfreich, denn die Berührungen am Maul wirken auf das limbische System im Gehirn, das die Emotionen kontrolliert. Warten Sie nicht erst, bis Ihr Hund bellt, um mit den TTouches zu beginnen. Fangen Sie jederzeit an, denn Sie erreichen eine Veränderung auch ohne einen direkten Bezug zum Problem.

▸ **BEI UNKONTROLLIERTEM BELLEN HELFEN**

Ohren TTouch S. 50, Liegender Leopard TTouch S. 22, Maul TTouch S. 44, Ruten TTouch S. 60, Halti ab S. 66.

MEIN HUND KANN NICHT OHNE MICH SEIN

Die Wärme der Hand beim Liegenden Leopard TTouch entspannt Körper, Geist und Seele.

Ihr Hund ist ein Rudeltier und wird natürlicherweise unruhig, wenn Sie oder Ihre Familie sich von ihm entfernen. Trotzdem können Hunde lernen, für eine bestimmte Zeit alleine zu bleiben oder auch andere Menschen zu akzeptieren.

▸ *So hilft Tellington-Training*

Dieses Verhalten zeigen meist junge, ängstliche oder unsichere Hunde. Steigern Sie also das Selbstbewußtsein Ihres Hundes durch Körperarbeit mit den TTouches. Sinnvoll ist, wenn ab und zu auch fremde Personen mit Ihrem Hund umgehen, damit er sich an andere Menschen gewöhnt und Vertrauen gewinnt. Hilfreich sind dazu sanfte Liegende Leopard TTouches am ganzen Körper. Auch der Ruten TTouch bewirkt eine positive Entwicklung des Selbstbewußtseins. Das Körperband ist ebenfalls ein gutes Hilfsmittel, denn es vermittelt dem Hund Sicherheit und Geborgenheit.

▸ **HIER FINDEN SIE DEN RICHTIGEN RAT**

Liegender Leopard TTouch S. 22, Ruten TTouch S. 60, Körperband S. 72.

MEIN HUND HAT SCHWIERIGKEITEN, AN DER LEINE ZU GEHEN

Wenn Ihr Hund kreuz und quer läuft, an der Leine zieht oder sich hinterherziehen läßt, sollten Sie gezieltes Führtraining machen.

▸ *So hilft Tellington-Training*

Für diese Probleme bietet das Tellington-Training verschiedene Lösungsmöglichkeiten an. Das Führtraining mit Halti ist die erste Wahl, wenn Ihr Hund an der Leine zieht. Das Halti ist eine Art Halfter für Hunde, mit dem Sie Ihren Hund durch eindeutige Signale führen können. Hilfreich sind auch die Balanceleine oder der Doppelte Diamant, die es Ihnen erlauben, direkt auf die Vorder- oder Hinterläufe einzuwirken. Benutzen Sie zum Führen eines hektischen Hundes eine Gerte, denn damit können Sie den Hund beruhigend abstreichen.

▸ **HIER FINDEN SIE AUSFÜHRLICHEREN RAT**

Halti-Training ab S. 66, Balanceleine S. 64, Doppelter Diamant S. 76, Körperband S. 72, Gertentraining S. 65.

MEIN HUND ZERKAUT GEGENSTÄNDE

Maul TTouches helfen dem Hund, Langeweile zu überwinden.

Wenn ein Hund Schuhe oder andere Gegenstände zerkaut, kann das eine schlechte Angewohnheit sein, meist aber sind es Anzeichen für einen Zahnwechsel oder für zu wenig Bewegung und Abwechslung im Alltag des Hundes.

▸ *So hilft Tellington-Training*

Probieren Sie den Maul TTouch aus, denn bei diesem Problem wurden damit schon gute Erfolge erzielt. Über die Berührungen am Maul wird das limbische System im Gehirn aktiviert, das die Emotionen kontrolliert. Der Hund kann Frust oder Langeweile überwinden und wird offen für die neuen Empfindungen durch den TTouch.

Wenn sich Ihr Hund im Zahnwechsel befindet, sollten Sie ihm geeignetes Kauspielzeug und Kauknochen anbieten. Mit Maul TTouches überwindet Ihr Hund den Zahnwechsel leichter und schneller. Manchmal ist es hilfreich, die Maul TTouches mit einem eiskalten Waschlappen auszuführen. Einige fünfminütige Behandlungen sind oft schon ausreichend, um das Kauen zu beenden.

▸ **HIER FINDEN SIE AUSFÜHRLICHEREN RAT**

Maul TTouches S. 44.

MEIN HUND HASST ES, AUTO ZU FAHREN

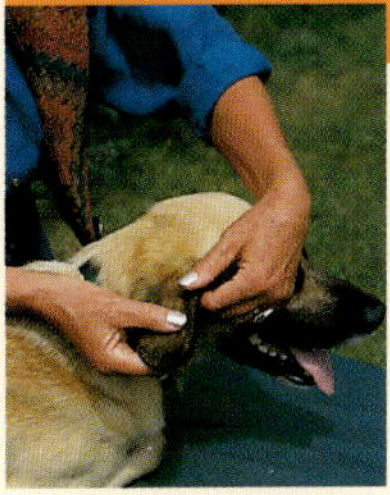

Kreisende TTouches am Ohr reduzieren Nervosität und Übelkeit

Die meisten Hunde lieben es, Auto zu fahren. Wenn Ihr Hund aber schlechte Erfahrungen gemacht hat, weil ihm regelmäßig schlecht wird oder er Angst hat, kann Autofahren zum Problem werden.

▸ *So hilft Tellington-Training*

Machen Sie an Ihrem zu Übelkeit neigenden Hund vor allem die Ohren TTouches. Das Ausstreichen der Ohren wirkt auf die inneren Organe und beruhigt Ihren Hund. Streichen Sie die Ohren schnell aus, solange er aufgeregt ist. Ist er ruhiger, machen Sie die Ohren TTouches langsamer. Einem Hund, der im Auto bellt oder hektisch herumläuft, sollten Sie für die Übungen stets ein Halti anlegen, damit Sie ihn unter Kontrolle halten können. Üben Sie das Anlegen und Führen mit Halti aber in jedem Fall vorher. Beginnen Sie im Wagen mit der Körperarbeit, ohne den Motor anzulassen. Bei der nächsten Übung machen Sie erneut Körperarbeit, während ein Freund das Auto ein kurzes Stück fährt. Sie sollten sich dabei völlig auf Ihren Hund konzentrieren. Verlängern Sie die Fahrzeiten schrittweise und lassen Sie den Fahrer den Wagen auch beschleunigen. Sie benötigen normalerweise nur einige wenige Übungen, damit sich der Hund an das Autofahren gewöhnt. Bei extrem nervösen Hunden ist zusätzlich das Körperband hilfreich. Aus Sicherheitsgründen sollten Hunde im Auto besser nicht frei sein - es gibt spezielle Anschnallgurte und Transportbehälter im Fachhandel.

▸ **HIER FINDEN SIE AUSFÜHRLICHEREN RAT**

Ohren TTouch S. 48, Halti ab S. 66, Körperband S. 72.

MEIN HUND IST HYPERAKTIV

Mit Hindernistraining wird ihr Hund ein guter Partner und gehorsamer.

Manche Hunde werden hyperaktiv geboren, manche Hunderassen sind besonders aktiv, und manche Hunde bekommen schlichtweg zu wenig Bewegung. In unserer modernen Welt ist es allerdings oft nicht möglich, jedem Hund die angemessene Bewegung zu ermöglichen. Mit den TTouches können aufgestaute Energien abgebaut werden, so daß der Hund sich besser an das Stadtleben anpassen kann. Allerdings sollte Ihr Hund einer Rasse angehören, die zu Ihren Lebensumständen und Bedürfnissen paßt. Ziehen Sie auch die Möglichkeit von “Hundesittern” in Erwägung, um Ihrem Hund ausreichend Auslauf zu ermöglichen.
Es gibt hyperaktive Hunde, die nach ausgiebigen Spaziergängen, langem Spiel oder ausgelassener Toberei nur für eine sehr kurze Zeit zur Ruhe kommen. Sie sind nervös und können sich nicht lange auf eine Sache konzentrieren. Manchmal stecken Krankheiten hinter diesem Verhalten (z.B. Allergien, Schilddrüsenüberfunktion), die untersucht und behandelt werden müssen. Aber auch in diesen Fällen können der TTouch und das Führ- und Hindernistraining helfen.

▸ *So hilft Tellington-Training*

Jede Art der Körperarbeit mit den TTouches hilft, das Verhalten Ihres Hundes zu verändern. Manchmal genügen schon ein einziger spezieller TTouch oder wenige Behandlungen, um erstaunliche Erfolge zu erzielen. Als besonders wirksam bei Hyperaktivität haben sich die Ohren TTouches und der Kombinierte TTouch erwiesen, den Sie am ganzen Körper anwenden können. Auch mit dem Wolken Leopard TTouch erzeugen Sie ein neues Bewußtsein und Entspannung. Das Streichen über den Körper mit dem Zick Zack TTouch kann ebenfalls dazu beitragen, Ihren Hund zu entspannen. Probieren Sie auch das Körperband, das Führtraining mit Halti und Hindernistraining.

▸ **BEI HYPERAKTIVITÄT HELFEN**

Kombinierter TTouch S. 25, Wolken Leopard TTouch S. 18, Zick Zack TTouch S. 41, Körperband S. 72, Halti ab S. 66, Hindernsitraining ab S. 82.

TTEAM PRAXIS-PLAN FÜR MEINEN HUND

Name ______________________ Alter __________ Rasse ______________

Tragen Sie in diese Tabelle ein, wie Ihr Hund auf die TTouches und beim Führ- und Hindernistraining reagiert.
Verwenden Sie für Ihre Notizen eine Skala von 1 - 5.
1 = keine Akzeptanz, 5 = optimale Akzeptanz

	DATUM						
TTOUCH							
Wolken Leopard TTouch							
Liegender Leopard TTouch							
Python TTouch							
Kombinierter TTouch							
Muschel TTouch							
Lama TTouch							
WaschbärTTouch							
Bär TTouch							
Tiger TTouch							
Tarantel TTouch							
Haargleiten							
Das Lecken der Kuhzunge							
Noahs Marsch							
Zick Zack TTouch							
Bauchheben							
Maul TTouch							
Ohren TTouch							
Beinkreise Vorderläufe							
Beinkreise Hinterläufe							
TTouches an den Pfoten							
TTouches mit den Pfoten							
Krallenschneiden							
Ruten TTouch							
FÜHRTRAINING							
mit flachem Halsband							
Balanceleine							
Gertentraining							
Haltivorbereitung							
Halti tragen (ohne Leine)							
Führen mit Halti							
Halbes Körperband							
Körperband							
Doppelter Diamant							
Hundegeschirr							
Brieftaube							
HINDERNISSTRAINING							
Labyrinth							
Bretter							
Gitterboden							
Plastikboden							
Wippe							
A-Wand							
Laufsteg							
Stangen							
Stern							
Cavaletti							
Leiter							
Reifen							
Slalom							

DANKSAGUNG

Eine ganze Reihe Menschen haben zur Entstehung dieses Buches beigetragen. Gudrun Braun danke ich für die Texte und die Interpretation meiner Arbeit.
Kirsten Henry brachte eine Vielzahl unschätzbarer Ideen und ihr umfassendes Wissen als Practitioner mit ein.
Mein Dank gilt Jodi Frediani, Fotografin und Practitioner, deren Bilder schon andere meiner Bücher illustrierten.
Große Anerkennung gelten meiner Schwester Robyn Hood und ihrer Schäferhündin Shawnee, die auf vielen Bildern zu sehen sind. Robyn unterstützt und begleitet die Entwicklung der TTEAM-Arbeit von Beginn an mit ihrer unermeßlichen Energie. Robyn stellte uns außerdem großzügigerweise ihre Islandpferdefarm in Vernon in British Columbia, Kanada, als Schauplatz für die Fotos zur Verfügung.
Dank gilt Martina Simmerer, deren Bericht aus ihrer tierärztlichen Praxis das Buch bereichert hat. Sie leistet außerdem einen unschätzbaren Beitrag für die Verbreitung der TTEAM-Methode durch ihren Lehrauftrag an der Universität in Wien.
Vielen Dank an Christine Schwartz für ihre prompte Korrektur und ihre Unterstützung bei der Textarbeit.
Sarah Fisher, die unser TTEAM-Büro in Großbritannien leitet, sorgte dafür, daß Stevie Avastu ihre Erfahrungen aufgeschrieben hat. Vielen Dank an beide.
Mein ausdrücklicher Dank für ihre Mithilfe, ihre Geduld und ihren Humor bei den Fototerminen geht an folgende Hundefreunde und ihre Tiere: Erika Hull und T-Rex, Mary-Ellen Laidlan und Billy G (unser Titelhund), Jo Buckland und Gimli, Veronica Bridge und Bandit, Lois Shumyk und Tess sowie Grady, Linda Burnam und Jesse, Adele Getty und Cumae, Sandra Wilson (die in letzter Minute einige noch fehlende Fotos schoß) und Griffin.
Den Illustratorinnen Jeanne Kloepfer und Cornelia Koller danke ich für ihre exzellenten Zeichnungen.
Schließlich danke ich Angela Beck für ihre Textkorrekturen und Hinweise, Peter Beck für seine Inspirationen und Almuth Sieben, die meine Arbeit in mehr als einer Hinsicht unterstützt. Nicht genannt werden können tausende Hunde, ihre Besitzer und die TTEAM-Practitioner, die meine Schüler und Lehrer sind. Ohne sie würde es TTEAM nicht geben.

TTEAM-Büros weltweit

GROSSBRITANNIEN
Sarah Fisher
South Hill House
Radford
GB - Bath BA3 1 QQ
Tel.: 01761 - 47 11 82
Fax: 01761 - 47 29 82
e-mail: Sarahfisher@msn.com

KANADA
Robyn Hood
5435 Rochdell Rd.
Vernon
British Columbia VIB 3E8
Tel.: 250 - 545 - 23 36
Fax: 250 - 545 - 91 16

USA
Linda Tellington-Jones
P.O. Box 37 93
Santa Fe
USA - New Mexico 87 50 1
Tel.: 505 - 455 - 29 45
Fax: 505 - 455 - 72 33

IMPRESSUM

Mit 214 Farbfotos von Jodi Frediani, Santa Cruz, Kalifornien, USA, sowie 1 Farbfoto von Lothar Lenz, Cochem (S. 3), 1 Farbfoto von Christof Salata, Stuttgart (S. 1) und 10 Farbfotos von Sandra Wilson, Santa Fe, Neu Mexiko, USA (S. 9, 11, 65, 72, 73).

Mit 7 Zeichnungen von Jeanne Kloepfer, Heidelberg (S. 19, 23, 25, 26, 29, 32, 57), 10 Zeichnungen vonCornelia Koller, Schierhorn (S. 6, 27, 35, 39, 40, 41, 53, 64, 69, 77) und einer Zeichnung aus »Der neue Weg im Umgang mit Tieren«, Kosmos Verlag (S. 73).

Umschlaggestaltung von Atelier Reichert, Stuttgart, unter Verwendung von 3 Farbfotos von Jodi Frediani, Santa Cruz, Kalifornien, USA.

Die Deutsche Bibliothek - CIP-Einheitsaufnahme

Tellington-Training für Hunde / Linda Tellington-Jones.
Unter Mitarb. von Gudrun Braun.- Stuttgart: Kosmos, 1999
ISBN 3-440-07776-4

ISBN 3-440-07776-4
Lektorat: Gudrun Braun, Hamburg
Grundlayout: Friedhelm Steinen-Broo, eStudio Calamar
Printed in Germany/Imprimé en Allemagne
Satz und Herstellung: Die Herstellung, Stuttgart
Reproduktionen: Reprographia, Lahr
Druck und buchbinderische Verarbeitung: Westermann Druck Zwickau GmbH, Zwickau

Zum Weiterlesen

- Tellington-Jones, Linda und Sybill Taylor: Der neue Weg im Umgang mit Tieren. Die Tellington Touch Methode. Stuttgart 1993.

Außerdem gibt es von Linda Tellington-Jones einige Bücher, Videos und Trainingspläne zu TTouch und TTEAM mit Pferden:

- Die Persönlichkeit Ihres Pferdes. Stuttgart 1995.
- Die Linda Tellington-Jones Reitschule. Mehr Spaß und Erfolg mit TTEAM und TTouch. Stuttgart 1996.
- Liebe Linda. Pferdefreunde fragen Linda Tellington-Jones. Stuttgart 1997.
- Trainingsplan TTouch 1. Stuttgart 1998.
- Trainingsplan TTeam-Bodenarbeit. Stuttgart 1998.
- Video: TTouch für Dressurpferde, mit Nicole Uphoff-Becker und Klaus Balkenhol. Stuttgart 1995.
- Video: TTouch für Springpferde, mit Otto Becker, Claus Erhorn und Bettina Overesch-Böker. Stuttgart 1996.

Abstreichen mit der Gerte *65*
Aggressivität *11, 13, 14, 42 f., 45, 60 f., 66 ff., 70 f., 76, 84 f., 101 f.*
Aggressivität gegen Artgenossen *14, 70 f., 85*
Aggressivität gegen Rüden *15*
Alleinsein, Angst vor dem *103 f.*
Allergien *15*
ältere Hunde *72 f.*
an der Leine ziehen *11, 14, 64, 66 ff., 76 f.*
an der Leine zurückbleiben *14*
Anfälle, krampfartige *46*
Angespanntheit *12*
Angst *9, 14, 18, 22 f., 27, 34 f., 42, 81, 100 f.*
Angst vor Gewitter *50*
Angst vor lauten Geräuschen *23, 24, 50 f., 54 f., 72 f.*
Angst vor rutschigem Untergrund *56 f.*
Angstzustände *36*
Anspannung *9*
Arthrose *9, 15, 21, 72 f.*
Atmung *42 f.*
Aufstehen, Probleme beim *15*
Ausrüstung *63*
Australischer Schäferhund *50 f., 70, 74, 80 f.*
Autofahren *14, 72 f., 104 f.*
Autoreifen *83, 96 f.*
A-Wand *92 f.*

Baden *15*
Balance *24*
Balanceleine *64*
Band, Körper- *11, 63, 72 f., 74 f.*
Bandscheibenprobleme *10*
Bär TTouch *32*
Bauchheben *42 f.*
Bauchschmerzen *15*
beidhändiges Führen *67 ff.*
Beinkreisen der Hinterläufe *54 f.*
Beinkreisen der Vorderläufe *52 f.*
beidseitiges Führen *78 ff., 88*
Beißen *42 f.*
Belgischer Schäferhund *43*
Bellen, unkontrollierbares *14, 42 f., 103*
Bernhardiner *21*
Berührungsempfindlichkeit *25, 27, 34 f.*
Berührungsempfindlichkeit am Maul *45*
Beweglichkeit *24 f.*
Bewegungsschwierigkeiten *20*
Bewußtheit *3*
Bobtail *37*
Boden, Gitter- *83, 88 f.*
Boden, Plastik- *83, 88 f.*
Bretter *83, 86 f.*
Brieftaube *78 ff., 88, 96 f.*
Bürsten *15, 36 f.*

Cavaletti *94 f.*
Collie *35*

Decken *15*
Deutsche Dogge *20*
Deutscher Schäferhund *13, 70 f.*
Doppelter Diamant *76*
Druckstärken *16 f.*
Durchblutungsförderung *24 f., 34 f., 38 f.*

Erbrechen *14, 104 f.*

Fallgeschichten *20 f., 30 f., 46 f., 50 f., 70 f., 74 f., 80 f.*
Feldenkrais-Methode *2 f.*
Fellpflege *36 f.*
Fieber *15*
Freundschaft *5*
Führen mit Halti *68 f.*
Führprobleme *70 f., 74 f., 104*
Führtraining *12, 62 ff.*
Funktionale Integration *3*

Gangvermögen *24 f.*
Geburt *15*
Geburtsprobleme *50 f.*
Gerte *25, 35, 63, 65, 78 f., 86 f., 96 f.*
Gewöhnung an das Halti *66 f.*
Gitterboden *83, 88 f.*
Golden Retriever *30, 50*

Haargleiten *36 f.*
Halsband *63*
Halti, Führen mit *11, 63, 68 f.*
Halti, Gewöhnung an das *66 f.*
Heilungsprozesse *28 f.*
Hindernisse *82 ff.*
Hindernistraining *10, 82 ff.*
Hirtenhund, Ungarischer *46 f.*
Hitzschlag *10*
Hüftbeschwerden *9, 15, 23, 93*
Hüften, schwache *43*
Hüftgelenksdysplasie *28 f., 54 f., 60 f.*
Hundegeschirr *11, 63, 77*
Hundetrainer *12*
Hündin, tragende *42 f.*
Husky *39*
Hütchen *83*
Hyperaktivität *14, 22, 28, 33, 36, 41, 42, 106*

Juckreiz *15, 32 f.*

Karies *10*
Kastration *11*
Knurren *35*
Kombinierter TTouch *25*
Kontaktaufnahme *13, 40*
Konzentration *10*
Koordination *10*
Kopfschmerzen *36*
Körperarbeit *5, 12*
Körperband *11, 63, 72 f., 74 f.*

Körperband, halbes *72*
Körpergefühl *11*
Krallenschneiden *15, 59*
Krallenzange *57, 59*
Krämpfe *42 f.*
Krebsleiden *46 f.*
kreisende TTouches *6*
Kreislaufkollaps *10*
kupierte Ruten *28 f., 61*

Labyrinth *78 f., 82 f., 84 f.*
Lähmung *35*
Lama TTouch *27*
Lampenfieber *14*
Laufsteg *92 f.*
Lecken der Kuhzunge *38 f.*
Leine *63*
Leine, ziehen an der *64, 66 ff., 75, 77*
Leinenführung *77*
Leiter *83, 96 f.*
Lernvermögen *7*
Liegender Leopard TTouch *22 f.*
limbisches System *45, 102f., 105*

Massage *5*
Maul TTouch *44*
Motivation *95*
Muschel TTouch *26*
Muskelkater *15, 23*

Narkose *10*
Nervosität *18 f., 22 f., 52 f., 54 f., 84 f., 102 f.*
Noahs Marsch *40*

Ohren TTouch *48 f.*
Ohren, Sensibilität an den *15*
Operation *15, 48 f.*

Persönlichkeit *6*
Pfoten, TTouches an *56 f.*
Pfoten, TTouches mit *58 f.*
Phantomschmerzen *28 f.*
Pinkeln *14*
Plastikboden *83, 88 f.*
Plexiglasplatte *83, 88 f.*
Praxisplan, TTeam *107*
Pudel *46*
Python TTouch *24 f.*

Reifen *96 f.*
Reisekrankheit *10, 49, 104*
Rekonvaleszenz *72 f.*
Rückenschmerzen *39, 42 f.*
Ruten TTouches *60*
Ruten, kupierte *28 f., 61*

Schaffell *25*
Schmerzen *9, 26*
Schock *10, 15, 48 f.*
Schonen eines Beines *28, 55*
Schüchternheit *14*
schwache Hüften *43*
Schwellungen *32*
Selbstbewußtsein *12*
Sensibilität *27*
Sensibilität an den Ohren *15*
Sicherheitstips *17, 63, 83*
Slalom mit Hütchen *98 f.*
Snoot loop *63, 67*
Sozialisierungsphase *15, 30 f.*
Spondylosen *9*
Stangen *82 f., 94 f.*
Stehohren *49*
Stern *94 f.*
Streß *12, 42, 102*

Tarantel TTouch *34 f.*
Tellington-Equine-Awareness-Method *3*
Tellington-Touch *4*
Tellington-Touch-Every-Animal-Method *3*
Tierarztpraxis *8*
Tiger TTouch *33*
Toben *14*
Trächtigkeit *15, 42 f.*
Treppensteigen *15*
Trimmen *36 f.*
TTEAM *3*
TTeam Praxis-Plan *107*
TTouch *4, 16 ff.*
TTouches an den Pfoten *56 f.*
TTouches mit der Pfote *58*

Ungarischer Hirtenhund *46 f.*
Ungehorsam *66 ff., 103 f.*
unkontrollierbares Bellen *42 f., 103*
Unkonzentriertheit *66 ff., 87*
Unruhe *14, 23*
Unsicherheit *24 f., 60 f., 100 f.*
Unterwürfigkeit *60 f.*

Verdauungsprobleme *15, 42 f.*
Verhaltensmuster *10*
Verhaltensprobleme *14 f., 100 ff.*
Verhärtungen *32*
Verletzungen *15, 28 f.*
Verspannungen *26, 36*
Vertrauen *9, 22*
Verwahrlosung *30, 37*

Wachstumsstörungen *10*
Waschbär Touch *28 f., 56 f.*
Welpe, schwacher *30 f.*
Welpen *15*
Wendungen *68 f.*
West Highland White Terrier *49*
Wippe *90 f.*
Wirbelsäulenbeschwerden *10*
Wolken Leopard TTouch *5, 18 f.*
wundgelaufene Ballen *56 f.*
Wundheilung *9*

Zahnfleischentzündungen *10*
Zahnstein *10*
Zahnwechsel *15*
Zerkauen von Gegenständen *14, 105 f.*
Zick Zack TTouch *41*
Ziehen an der Leine *11, 14, 36, 64, 66 ff., 75, 77*
Zurückbleiben an der Leine *14*

A-WAND Zwei zu einem Dach zusammengestellte Kletterwände.

BALANCELEINE Führleine, die um die Brust des Hundes liegt und die die Balance fördert.

BÄR TTOUCH Ein kreisender TTouch, der mit den Fingernägeln der gekrümmten Finger ausgeführt wird.

BAUCHHEBEN Der Bauch des Hundes wird zur Entspannung leicht mit einem Handtuch oder mit der Hand angehoben.

BEINKREISEN Durch gleichmäßige, wechselseitige Kreise mit den Vorder- und Hinterläufen werden Verspannungen gelöst und die Balance und Koordination verbessert.

BRETT Bodenbretter sind Hindernisse, die als Vorbereitung für den Laufsteg dienen. Sie fördern Selbstvertrauen und Balance.

BRIEFTAUBE Führposition, bei der von zwei Seiten geführt wird.

CAVALETTI Erhöhte Stangen, über die gelaufen und gesprungen wird.

DOPPELTER DIAMANT Spezielles Körperseil für Hunde, das Kontrolle über aggressive und hyperaktive Hunde gibt.

GERTE Die Gerte wird zum Abstreichen des Körpers von nervösen oder aggressiven Hunden mit Sicherheitsabstand verwendet.

GITTERBODEN Bodenhindernis, das die Trittsicherheit verbessert.

HAARGLEITEN Gleichmäßiges Gleiten entlang der Haare und des Fells. Es fördert die Durchblutung und entspannt.

HALTI Dieses Hundehalfter hat den Vorteil, daß man den Kopf des Hundes gut kontrollieren kann.

HINDERNISSE Die Arbeit mit Hindernissen verbessert das Vertrauen, den Gehorsam und die Balance des Hundes.

HUNDEGESCHIRR Ein hundefreundliches Führgeschirr, das keinen Druck auf den Hals ausübt.

KOMBINIERTER TTOUCH Kombination aus Wolken Leopard, Liegender Leopard, Waschbär oder Muschel TTouch und Python TTouch.